股票经典

U0678972

经典形态
一周通

（第二版）

精通股价形态分析的12个杀手锏

励佰专业理财机构 著

精确打击股价临界点
快速识别行情持续特征
超级短线高手的入门必修课程
快速精通股价涨跌的形态玄机
窥探西方技术分析的基石

经济管理出版社
ECONOMY & MANAGEMENT PUBLISHING HOUSE

图书在版编目（CIP）数据

经典形态—周通/励佰专业理财机构著. —2 版. —北京：经济管理出版社，2016.4
ISBN 978-7-5096-4295-5

Ⅰ.①经…　Ⅱ.①励…　Ⅲ.①股票交易—基本知识　Ⅳ.①F830.91

中国版本图书馆 CIP 数据核字（2016）第 051902 号

组稿编辑：勇　生
责任编辑：勇　生
责任印制：杨国强
责任校对：陈　颖

出版发行：经济管理出版社
　　　　　（北京市海淀区北蜂窝 8 号中雅大厦 A 座 11 层　100038）
网　　址：www. E-mp. com. cn
电　　话：（010）51915602
印　　刷：三河市延风印装有限公司
经　　销：新华书店
开　　本：720mm×1000mm/16
印　　张：10.25
字　　数：163 千字
版　　次：2016 年 5 月第 2 版　2016 年 5 月第 1 次印刷
书　　号：ISBN 978-7-5096-4295-5
定　　价：38.00 元

前言　西方技术分析的"脊梁"

　　西方技术分析存在很多来源，但是最为基本的来源是形态分析；技术指标是西方技术分析的另外一个来源，但是在真正的交易界很少有人采用，经常使用的是移动平均线，因为其具有时限性，主要是针对初级炒家。一言以蔽之，西方技术分析的"脊梁"是形态分析，如果不掌握重要的技术形态，则很难真正明白西方技术分析的精髓。

　　如何运用西方技术形态呢？对于这个问题则很少有人关心，绝大多数炒家只是将技术分析当成理论来学习，殊不知这是一项技能。那么我们究竟应该如何运用这些技能呢？首先，需要明白技术分析的要点在于形态背后的心理意义，这点是绝大多数炒家所忽略的。如果忽视了形态透露的群体心理，那么就很容易陷入到"形态原教旨主义"，也就是死扣理论，忽略了真正的市场走势。现代金融理论已经发展到了一个新的高度，具体的表现有两点：一是混沌思维的引入，确定性思维和秩序思维开始接受混沌思维的挑战，混沌数学进入到金融市场研究中。二是心理学的引入，行为金融学和行为经济学已经具备雏形，行为金融学正在重构技术分析的理论基础，特别是技术形态理论的基础。为什么头肩顶出现后股价倾向于下跌，这就涉及行为金融学的研究范畴，在本书中我们会涉及这方面的内容。在运用技术形态的时候，一定要明白当下行情走势背后的心理背景，结合典型形态背后的心理背景进行理解。其次，在识别当下形态的过程中要透过形态考虑风险报酬结构，如当下这个形态如果进场，则止损设定在什么地方，保守利润目标是多少，按照这个进出场结构来设置风险报酬是否合理？在运用的时候要有这种战术意识，随时计算风险报酬率，大致估算之后能让你放弃绝大多数"机会"。最后，形态涉及上涨下跌的概率，涉及风险报酬结构，同样也涉及仓位管理问题。一个较大规模的形态如果有其他信息支撑，则可以略以重仓位参与，所以不能只从形态看涨跌，还要考虑进场和出场，设计运用多少资金进行操作。

如何学习西方技术形态呢？掌握了如何运用形态技术，就基本明白应该如何学习西方技术形态理论，关键有如下几点：一是对技术形态的一般要件要清楚，否则很难进行形态分析。二是要知道为何技术形态包括这些要件，每个要件背后的心理意义和概率意义是什么。三是要把握每个形态的进场点和出场点，如三角形的进场点设置于何处、有几种进场点；出场点则包括止损点和利润目标点。这些是学习技术形态时必须要明确掌握的要点，如果仅仅学会如何判断形态，而不知道如何具体着手交易，则没有任何意义。很多时候，炒家都热衷于寻找所谓的"必涨形态"，其实懂得进场的位置才是更为关键的问题。四是在学习西方技术形态的时候，要注意每种形态的有效概率，任何技术信号都是概率性的信号，既然涉及概率必然有大小之分。如一个看涨形态，如果上涨概率很大，则资金投入量可以大些；如果上涨概率较小，那么可能根本就不值得操作，这时候资金投入量就要接近零。关于西方技术形态的学习大致就要注意这四个方面的问题，读者在阅读本书时就需要从这四点入手。

本书作为入门读物，重点在于让股民明白每种形态的要点，但在形态选择上要有所侧重，主要是依据形态出现的频率和可靠程度，这两类是关键。除此之外本书还力图纠正那些形态分析方法的误区，同时将技术分析的其他内容进行综合介绍。在本书中，我们倾向于将一些关键性细节充分展开，同时融入一些相关技巧，这样大家在实际运用中就能做到有的放矢。本书的内容七天就可以学完，每天掌握一到两种形态，七天学习中的重中之重，就是双峰形态，包括双底和双顶，除此之外三角形也是非常重要的。

西方技术分析的基石是形态分析，希望每位炒家都能挺起技术分析的"脊梁"，在股市战场上做一个"昂首挺胸"的大赢家！

目　录

星期一　经典形态策略基础（1）：
头肩形态

第一节　重要反转形态概述

　　股价运行的方式无非是震荡和单边，震荡走势一般是用来连接单边走势的，被连接的两段走势可能是同向的，也可能是反向的。当震荡走势连接两段同向走势时，这段震荡走势一般被定义为持续形态；当震荡走势连接两段反向走势时，这段震荡走势一般被定义为反转形态。无论是持续形态还是反转形态，其内部结构往往是艾略特波浪理论中所谓的"三浪调整"形态，而单边走势则往往以艾略特波浪理论中所谓的"五浪推动"形态出现。

　　行情的发展并不是持续地朝向一个方向，股价的运行总是以曲折的方式展开，这就使得炒家经常混淆持续形态和反转形态。例如，当行情经历上涨后，而正处于水平整理阶段时，炒家可能将这一修正当成是反转，因此就容易错过另外一波上涨行情，甚至可能错过主升浪。行情是反弹（调整）还是反转，对于这个问题，K线理论、指标理论、量能理论以及盘口理论都无法给出十分明确的回答，而形态理论恰好可以在某种程度上解决这一问题。行情发展一段后会进入到震荡走势，或者说进入到成交密集的区域，在这一阶段很多价格线相互层叠，价格发展停滞不前，在某一个区域内徘徊，这时股价或者进入到反转形态，抑或进入到持续状态。如图1-1所示，新和成是中小企业版的头牌，在这段走势中，股价进入第一个整理区域后反转向下，这个震荡形态被定义为反转形态。随后股价快速下跌又进入一个新的震荡区域，结合后来的走势可以看出这一区域是持续形态，因为股价于此后继续下跌。最终股价在 22.93 元/股附近获得支撑（早晨之星标识了这一支撑的存在）。可以看到，一段行情在开始和结束时分别是一个反转形态，其间则是持续形态。如何识别真正的反转形态，而不是将持续形态误认为反转形态，这是形态分析的关键，也是形态分析的主要任务。一般而言，持续形态很难符合后面所说的二次确认原理。除此之外，一些常见的反转形态与常见的持续形态在特征上有显著差异，炒家可以通过外形特征加以区别，这也是本书的重点所在。

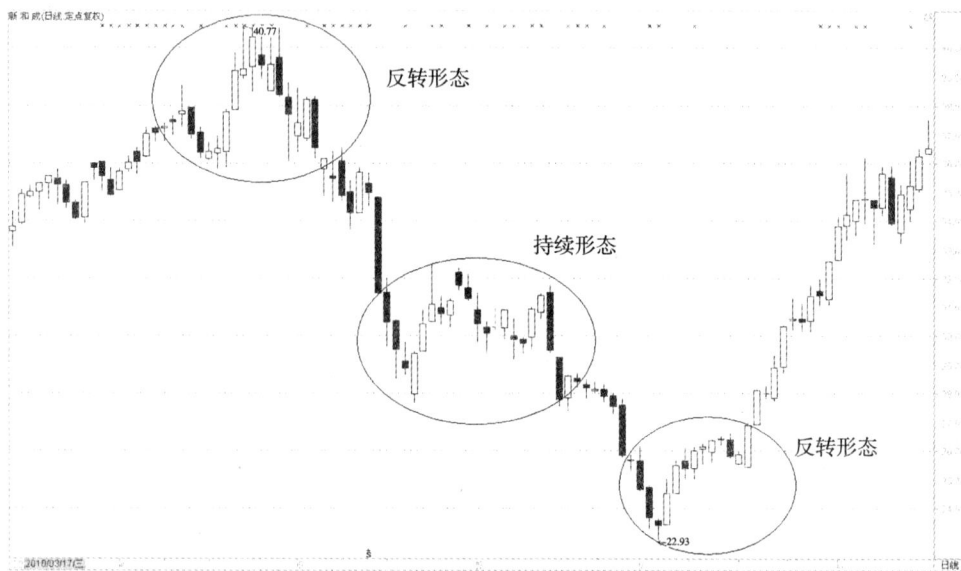

图 1-1　持续形态和反转形态

　　形态的重要性主要取决于其有效性，即指示涨跌的有效性。形态有效性主要取决于形态的规模和符合二次确认原理的程度。我们首先来介绍形态规模的意义。如图 1-2 所示，这是 ST 琼花的走势，股价从 14.36 元/股的高位下挫，然后形成震荡走势，这个震荡走势的形态规模很大，由于是持续形态，所以此后股价继续下跌，且下跌幅度很大。下跌到前期上涨缺口获得支撑，股价又开始横盘整理，这也是一个持续形态，此后股价继续下跌，由于此形态的规模小于前面那个形态和规模，所以后续的下跌幅度也较小。从 ST 琼花这个例子可以发现形态规模越大，则预示涨跌概率越大，同时预示后续涨跌的幅度越大。

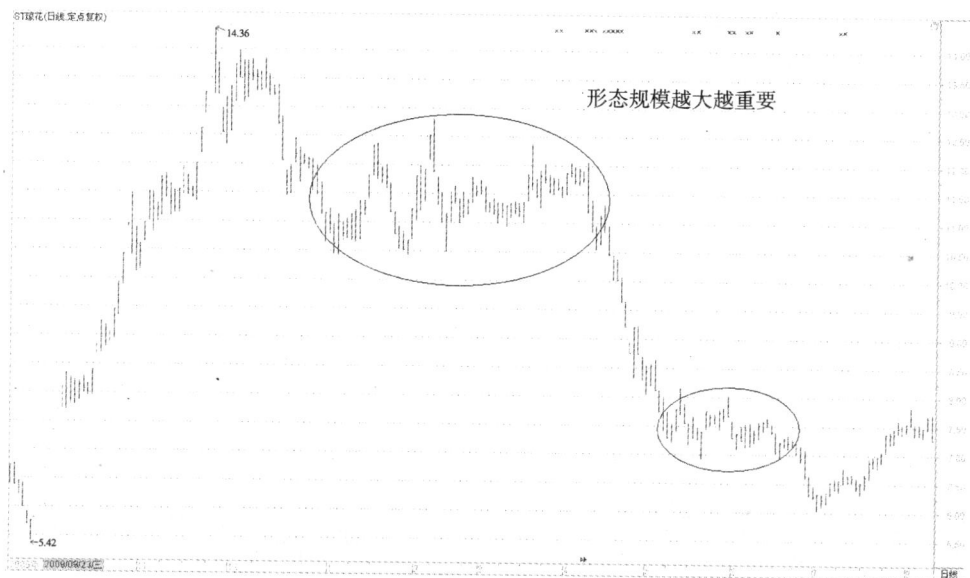

图 1-2　形态规模与重要程度的关系

除了形态规模决定形态重要性之外，形态符合二次确认原理的程度也关系到形态的重要程度。那么什么是二次确认原理呢？如果股价没有能够达到前期临近低点或者高点，则股价就可能远离前期低点或者高点；如果股价没有能够突破前期低点或者高点，则股价就可能远离前期低点或者高点。双底和双顶形态就符合后一点，只要股价第二次再接近某一价位却不能突破，甚至不能达到这一价位，则说明这一价位存在很强的支撑或者阻力，在这种情况下股价远离这一价位的可能性就很大。如图 1-3 所示，伟星股份创出 16.01 元/股的低点之后，股价第二次并没有跌破这点，这就确认了这一位置的有效支撑，后市上涨的概率就很大。此外，头肩顶的右肩其实确认了头部阻力的有效，头肩底的右肩确认了底部支撑的有效。一般而言，越是符合二次确认原理的反转形态，其后股价反转的可能性就越大。

图 1-3　符合二次确认原理的形态有效性更强

第二节　反转的时间维度

反转形态消耗的时间或者说持续的时间也具有很重要的意义，本小节我们专门就此展开剖析。绝大多数炒家重视空间超过重视时间，所以对于价格运行的空间非常敏感，但是对于价格运行的时间却比较迟钝。其实，炒家忽略的地方往往潜藏着最有价值的信息，所以股价运行的时间其实是有玄机的，对于炒家的操作也有很强的指导意义。反转形态持续的时间存在差别，这种差别有时候很小，还不足以体现出形态规模上的显著差异。

首先来介绍顶部反转形态和底部反转形态之间的差别，如图1-4所示，这是大族激光的日线走势图，股价筑底的时间，也就是形成底部反转的时间要明显长于顶部反转的时间，一般而言，大型底部形成的时间非常长，而大型顶部形成的时间非常短。所以，如果炒家决定介入一个大型底部，则时间上存在很大的回旋余地，炒家有充分的时间入场，不必担心转瞬即逝的机会；相反，炒

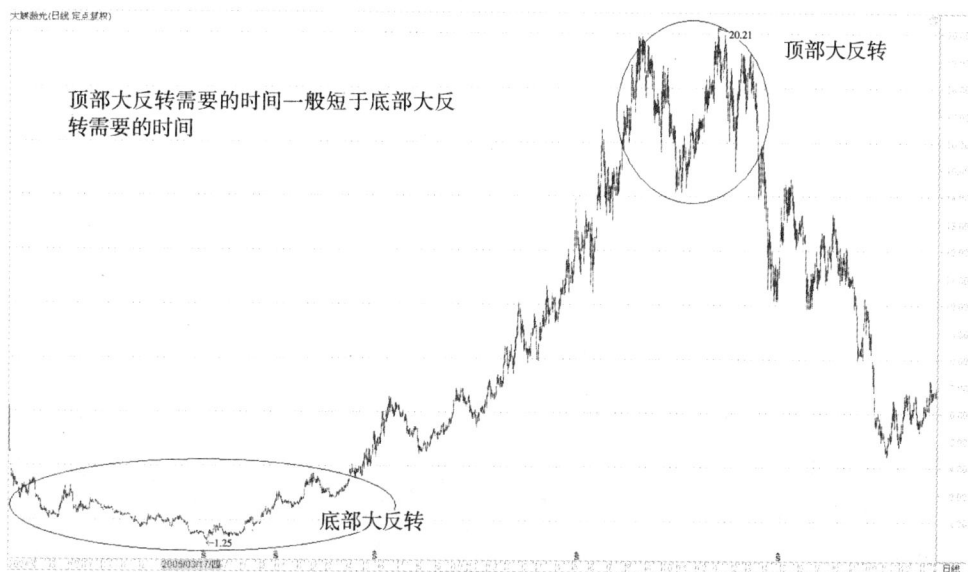

图 1-4　底部反转时间长于顶部反转时间

家如果持仓，则在暴涨后大型顶部的形成往往会使炒家措手不及。短期的底部与短期的顶部在形成时间上差别并不大，不过整体上底部反转形态形成时间较顶部反转形态形成时间更长，这是一个普遍现象。

反转形态所消耗的时间不同则预示着此后的运动幅度也不同（即使这种时间差异并不显著）。如图1-5所示，传化股份从16.94元/股的高点下跌到12.5元/股附近，先是形成了双底A，股价随后反弹到两倍于双底的高度，随后下跌形成了双底B，双底B出现后股价反弹的高度则明显高很多。为什么会出现这样的情况呢？其中一个比较重要的因素是双底A形成的时间要略短于双底B形成的时间。一般而言，同一类型的形态，无论是持续形态还是反转形态，形成过程中所消耗时间越长则该形态结束后行情发展幅度越大。很多时候炒家都不太注意某个特定形态所跨越的时间段，自然对于该形态的可靠性就不很清楚。反转形态消耗的时间越短则要越难达到相同的可靠性，这时候除非成交量和消息面有重大的异常变动，否则很难达到一个很高的可靠性水平。哪些时候股价会在快速反转后运行很长一段距离呢？第一种情况是全局性的顶部，这时候群众性的买盘热情即将被消耗殆尽，所以股价很容易在"最后的弹药"被耗尽之后就快速下挫，形成高高的顶部，这种顶部会出现成交量峰值。第二种情况是

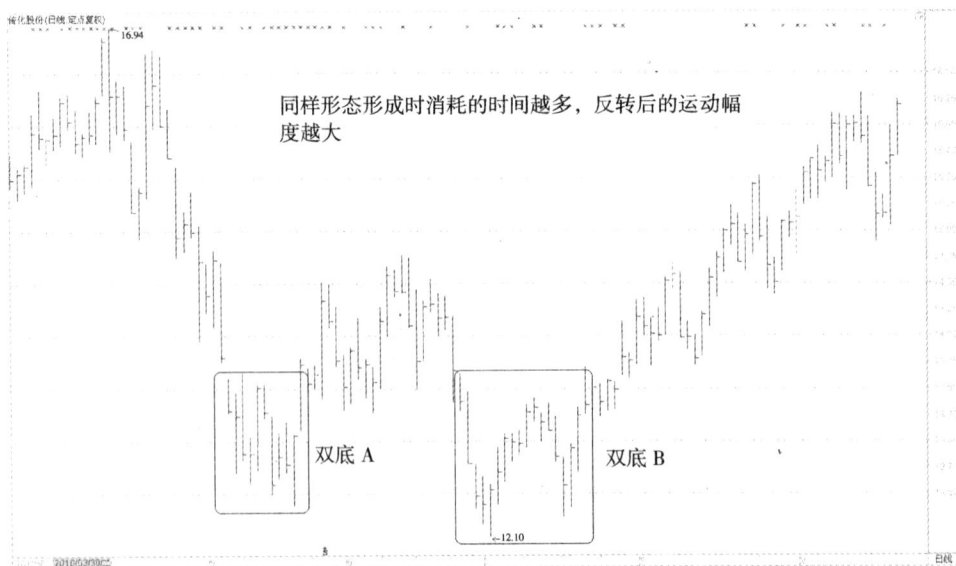

图1-5　耗费时间越长的反转形态后续运动幅度越大

成交量的非常异动，"V"字反转的底部往往会先出现地量，然后出现很大的拉升量，这表明有主力进场买入，这时候反转形态可能仅仅是 K 线看涨反转或者是西方技术形态的反转日，但是此后的涨势却幅度很大，这种情况可以从成交量看出来，虽然反转形态所消耗的时间非常短，但是此后的上涨幅度却很大。第三种情况则是消息面或者政策面出现重大的逆转，这种情况在大盘指数上出现频率较高，在股指下跌且成交量低迷的时候出现了根本性的救市措施，这时候反转形态往往以大阳线出现，所以股指长期下跌后的大阳线不容忽视，这种反转形态耗时很短，这种机会转瞬即逝。

　　反转形态中必然涉及最高点和最低点的问题，也就是一个上升或者下降波段的两个端点。此处介绍一下局部反转形态，即阶段性高点和阶段性低点之间存在的微妙时间关系。转折点之间的时间关系非常微妙，涉及菲波纳奇数列，从前面一部分 1，1，2，3，5，8，13，21，34，55，…可以发现前面两个数字相加得到第三个数字，以此类推得到整个数列。菲波纳奇数列与黄金分割率关系密切，这里就不做详细论述，我们只针对转折点间的时间关系深入剖析。从波段的一个端点到另外一个端点存在这样的关系：如果将波段开始端点这天标记为 1，则波段结束端点这天就会被标记为某个菲波纳奇数字。如图 1-6 所示，传化股份在 14.8 元/股附近形成了明显的高点，将这根对应阶段性高点的价格线标记为 1，依次标记其余的价格线为 2，3，…。不久之后股价创出一个阶段性低点，而这个低点恰好是下跌以来的第 13 根价格线，而数字"13"恰好是菲波纳奇数字。所以，两个相邻反转点一般落在菲波纳奇数列上，这个不易引人注意的现象对于短线炒家而言具有非常重要的意义。

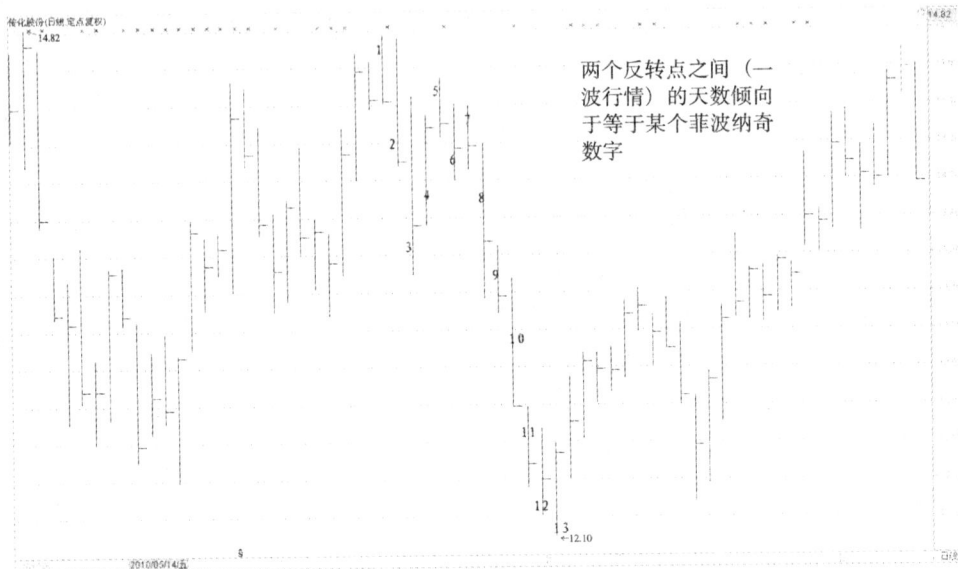

两个反转点之间（一波行情）的天数倾向于等于某个菲波纳奇数字

图1-6　两个反转点距离的天数等于某个菲波纳奇数字

第三节　头肩形态

头肩形态是绝大多数炒家所熟知的形态，头肩形态包括头肩顶和头肩底两种类型。一般所言的头肩形态是指头肩顶形态，这个形态的技术要件如下：

第一，股价首先创出一个阶段性高点，然后小幅回落，这就构成了左肩。一般而言，此时的成交量是一个全局性的高点。

第二，股价从左肩谷底继续攀升，创出新高，然后再度回落，这就是头部，也就是顶，这是全局性高点，但是成交量却不及此前左肩，这就形成了价量顶背离，也就是股价创出新高，但是成交量却走低，代表上涨乏力。一般而言，如果炒家精通量能理论，则不需要等待右肩形成就可以判定向下趋势。

第三，股价从头部回落后，出现一次反弹，但是右肩高度低于头部，反弹不过前高，这表明多头力量在减弱，按照量能理论，右肩还未完全形成，炒家就能初步确认向下趋势了。结合二次确认原理，炒家能够很快确认头部的阻力有效。

第四，左肩和头部一般会形成顶背离格局，这是一个看空信号，而头部和右肩会形成一个二次确认格局，这也是一个看空信号，但是真正头肩形态看空信号是在股价形成完整右肩后跌破颈线时才出现的。有时颈线被跌破后股价会反抽测试颈线的有效性，少数时候甚至还会反弹到颈线之上，但是一般不会超过右肩高度。接下来分析一个头肩顶形态的实例，如图1-7所示。这是一个理想头肩顶形态，但实际股票走势中却很少有这样的情形。一般而言，左肩和右肩除了显著低于头部之外，其他特征与理想形态都不是很符合。泛海建设首先出现一轮显著的上涨，然后股价回落形成左肩。随后创出新高再度回落，形成头部，最高价位为21.50元/股。不久之后股价反弹不过顶部，形成右肩。头肩形成并不意味着头肩顶技术信号形成，当股价跌破颈线的时候空头信号才发出。颈线就是肩和头之间的谷底，理想状态下左肩和头之间的谷底与右肩和头之间的谷底基本位于同一水平，所以颈线比较好确认，就是谷底价格水平。但实际股价走势中，未必有如此理想的形态，一般选取两个谷底中较低的一个作为颈线。

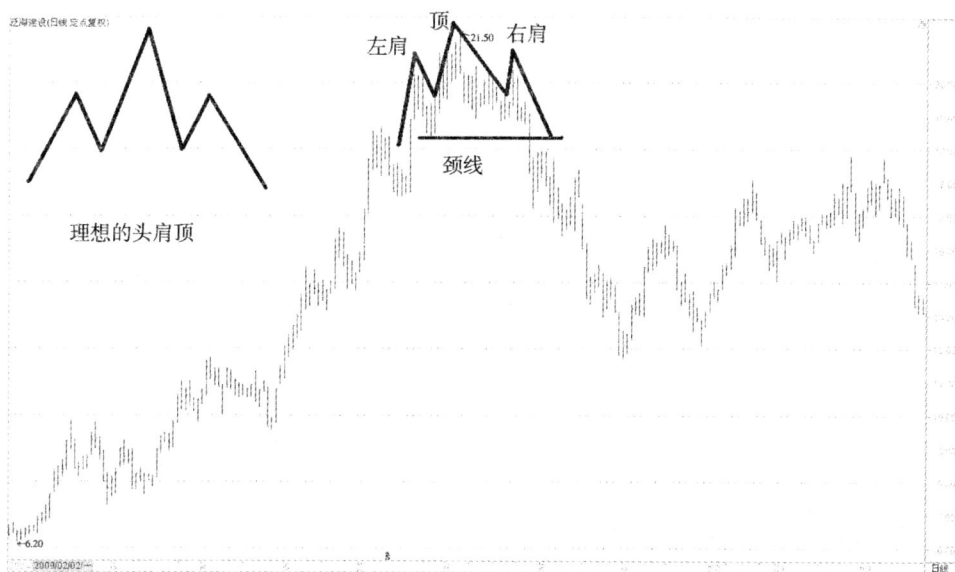

图1-7　头肩顶形态

头肩底形态与头肩顶形态互为镜像，但是如果综合考虑成交量则不能这样简单比附。头肩底形态一般发出看多信息，头肩顶形态则一般发出看空信号。一般头肩底形态的技术要件如下：

第一，股价从一个高位显著下跌，如果不是显著下跌则所谓的"头肩底"很可能只是一个更大规模整理形态的一部分，股价此后还可能下跌。只有经过充分下跌，而且此头肩底高度显著小于之前下跌行情，才容易产生真正意义上的头肩底，其发出的看多信号才可能真正有效。

第二，股价显著下跌后形成一个阶段性低点即展开反弹，反弹幅度相比此前下跌幅度应该小很多。这个阶段就形成了左肩，此时成交量应该有一个低点出现，可能是地量。

第三，股价继续回落，创出新低，这就是底部。然后股价回升，回升高度一般在前次反弹高点附近，理想状态下两者应该位于同一水平位置，这就是颈线。股价形成底部时，成交量再度萎缩，形成一个低点，这个低点可能是地量。

第四，底部形成后股价开始回升，这个过程中应该是放量上涨的过程，即股价经常拉出阳线，而相应的成交量也从一个接近地量的水平开始增长。

第五，底部比左肩低，但是相应的量能指标，如 MACD 线往往是走高的，这就形成了底背离，这是一个单独的看多技术信号，当然这不属于传统头肩底理论的信号。

第六，右肩高于底部，表明空头力量减弱，后市看涨，这时虽然右肩并没有完全形成，但是低点升高表明趋势向上，这也是一个不属于传统头肩底理论的信号。

第七，当股价突破颈线时，传统的头肩底看涨信号才发出。

以上是头肩底的技术要点，下面来看一个头肩底的实际例子。如图 1-8 所示，深赤湾 A 从 17.28 元/股的高位震荡下跌，后半段下跌走势非常显著，此后股价走势形成了头肩底形态。左边是一个标准的头肩底形态，而深赤湾 A 的头肩底形态比较复杂，主要是左肩比较复杂。随着形态分析实践的深入，炒家会发现其实很多时候股价走势是不规则的，所以不能照搬理想模型来操作。

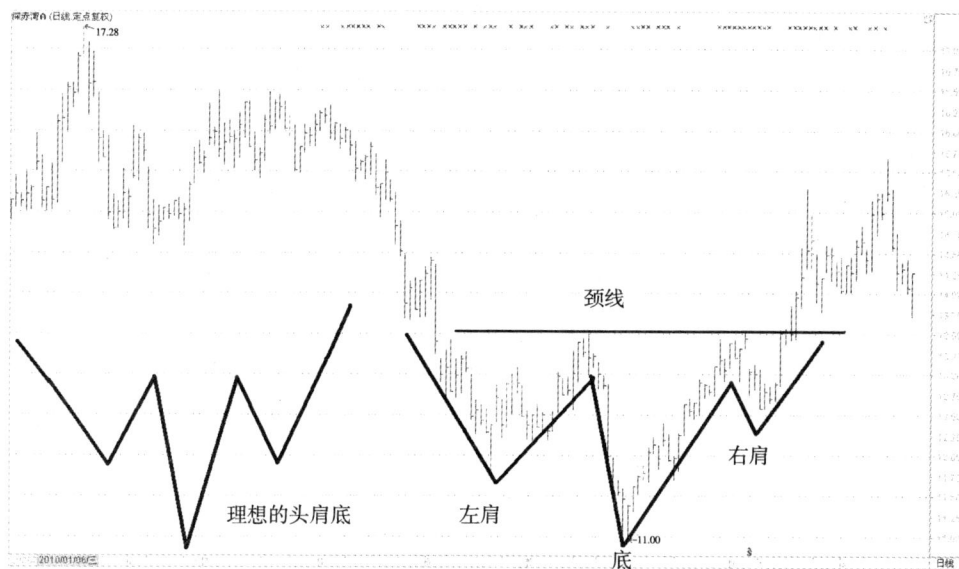

图1-8 头肩底形态

在分析头肩形态时，除了背离策略和二次确认原理，这里还涉及另外一个策略综合，这就是K线和西方技术形态的综合运用。阶段性高点往往都有反转看跌K线，如黄昏之星、看跌吞没和流星等，阶段性低点往往都有反转看涨K线，如早晨之星、看涨吞没和蜻蜓点水等。而头肩形态的顶底和肩部就是阶段性低点或者高点，所以西方技术形态头肩顶与K线技术的联系非常紧密。K线属于微观层面的信息，而西方技术形态则属于中观层面的信息，两者可以相互验证。相互验证比单一信号更具可靠性，也可以在另外一个信号还未完全形成时先发出提醒警示信号，这样就可以做到先人一步。如图1-9所示，华天酒店从8元/股的整数关口开始上涨，中途有过两次调整。在12元/股附近开始构筑头部，左肩有类似吊颈的反转形态出现，也有所谓的"纺锤线"，这些还不是很明显的看跌信号，头部也有纺锤线，同时还有看跌母子，而右肩则有非常明显的纺锤线和看跌吞没。头肩顶其实是由三个阶段性高点构成的，其中顶和右肩最为关键，这两个阶段性高点，特别是右肩如果有强烈的看跌反转K线，则不必等到颈线被有效跌破时才空仓，右肩反弹不能超过前高，出现诸如看跌吞没之类的K线就可以出逃了。激进的炒家甚至可以在左肩或者顶部出现超级流星线（上影线很长的流星线）之后就选择出逃。

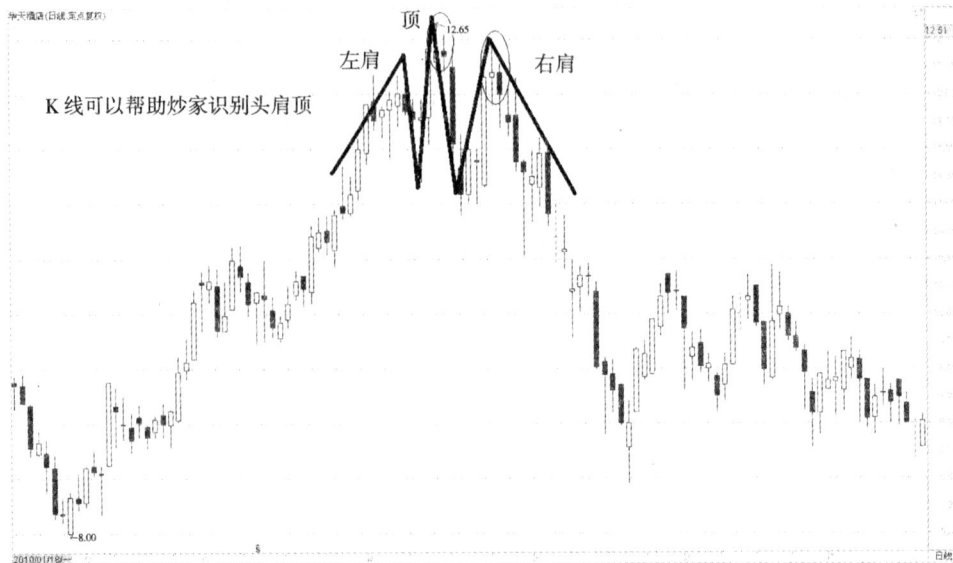

图1-9　K线在头肩形态中的意义

第四节 成交量在头肩形态中的重要意义

头肩形态中除了涉及价格形态之外，成交量也是需要专门强调的一个维度，在这个小节就专门介绍一下这方面的知识，以便炒家能够简单结合量能进行行情分析。当然除了成交量以外炒家也可以结合 MACD 等量能指标进行分析，如左肩和顶（底）部呈现逐步走高（低）状态，而相应的 MACD 线却是相反的，这就是量能背离。如果炒家懂了这点，则不必等到右肩出现就可以行动，右肩的出现不是必需的，而是作为进一步确认的手段。

这里介绍一下成交量的基本类型。如图 1-10 所示，深天地 A 的走势中出现了五种基本的成交量形态，炒家要掌握的是这五种成交量形态背后所代表的意义。脉冲式天量是指那些"屹立在平原附近的高山"，临近的成交量都很低或者正常，不存在递减态势，这种放量一般与主力关系密切，如主力出货（散户进货）和主力进货等。如果脉冲式天量出现在股价大幅上涨之后，而且此前已经有过至少一次调整，则这个放量可能就是主力在出货；如果脉冲式放量出现在股价大幅下跌之后，而且此前已经有过至少一次反弹，则这个放量可能就是主力在进货，或者是进货之前的砸盘行为。

天量是另外一种成交量的基本类型，与脉冲式天量有些区别，天量前后的成交量一般呈现递减状态，这样天量就恰好处于一个量堆的最高点。天量的出现一般意味着顶部的出现，特别是天量出现后股价随着成交量萎缩而下降。天量的出现是群众疯狂的表现，由于缺乏进一步的买盘支撑，股价快速下挫。

地量与天量相对，指的是一段时间内成交量的最低点，地量一般在股价充分下跌之后出现，这表明卖出意愿和买入意愿都在下降。如果此后价涨量增，则表明买入意愿增强，特别是有显著放量的大阳线出现则表明主力可能入场。

缩量和放量（增量）是一对概念，缩量是相对于前一根量柱此量柱下降，放量则是相对于前一根量柱此量柱上升。缩量表明交投意愿下降，可能是卖出意愿下降导致的，也可能是买入意愿下降导致的，或者是两者共同下降导致的，至于具体是哪种情况，则需要结合股价涨跌来研判。放量则表明交投意愿上升，可能是由卖出意愿上升引起的，也可能是由买入意愿上升引起的，或者是两者共同上升引起的，至于具体是哪种情况，还是要和股价运动结合起来研判。

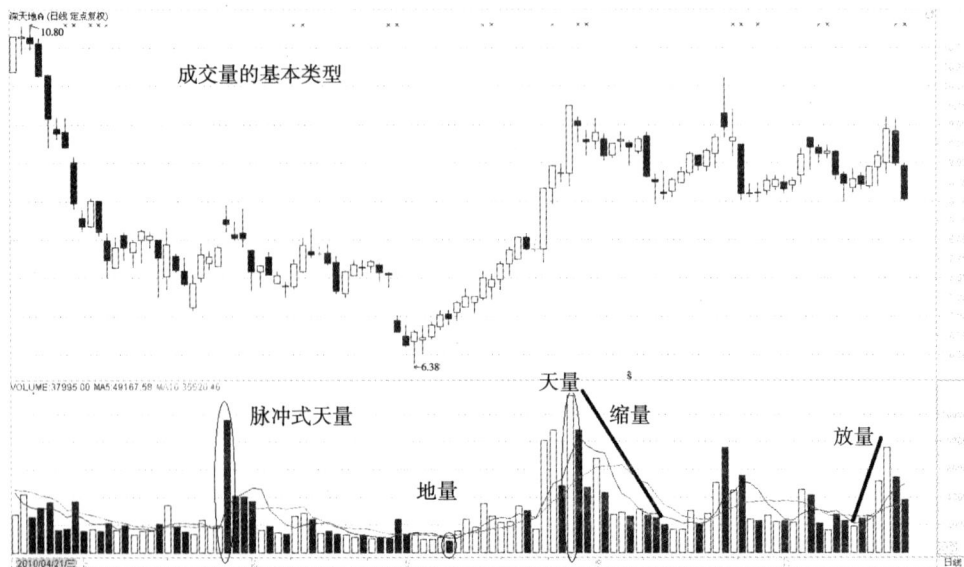

图 1-10　成交量的基本类型

　　下面要介绍的是头肩形态中与成交量相关的研判要点和策略。头肩顶与逃顶策略有密切关系，只有先规避风险才谈得上盈利。头肩顶的成交量特征主要有两个部分，第一个部分涉及左肩和头部的成交量特征，第二部分则涉及右肩的成交量特征。下面先来看第一个部分的特征，如图1-11所示。在头肩顶左肩或者头部位置会放出天量，这种情况比较普遍，而且有时候是脉冲式天量，当然也有可能两个阶段性高点同时放出天量。左肩有可能处于艾略特波浪的第三浪顶，而头则可能处于艾略特波浪理论的第五浪顶，这点需要炒家注意。左肩和头部的天量代表着群众性疯狂，买量不能进一步升高，使得股价只能转而向下。所以，如果要查看当下头肩顶形态的效能时，可以在左肩和头部寻找天量是否出现，如果出现天量那么此头肩顶的看跌效能就会高很多。

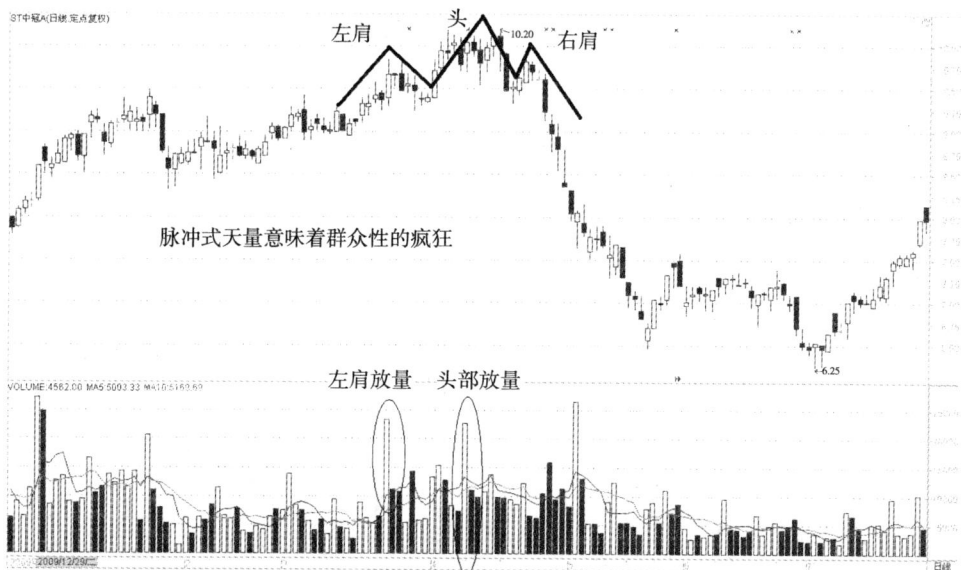

图1-11　头肩顶左肩和头部的成交量特征

　　头肩顶第二成交量特征涉及右肩，如图 1-12 所示。右肩相当于艾略特波浪理论中五浪驱动结束后的三浪调整，严格讲是最典型的三浪调整，此后股价就步入了下跌趋势。右肩的成交量应该比头部和左肩中较高的成交量低一些，这表明反弹无力，买盘推动力大不如前，所以继续下跌是必然的。另外，当股价跌破头肩顶颈线时成交量也可能出现放大，这时大量买家的出现源于颈线提供的支撑，而卖家则在颈线跌破时卖出股票，如果成交量放得太大，股价则有可能在持续横盘整理后才下跌，甚至就此回升。所以，跌破颈线时炒家的成交量不要太大，颈线跌破后的回撤也不能放出太大的成交量。

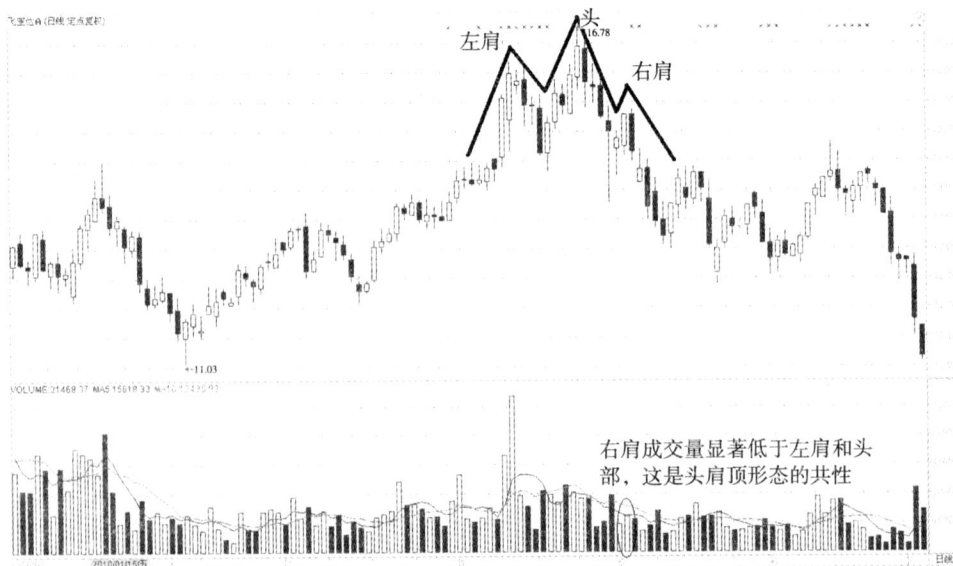

图 1-12　头肩顶右肩的成交量特征

　　头肩底形态的成交量结构要综合分析，如图 1-13 所示。底部形态一般形成时间更长，所以头肩底形态的两个肩可能不那么标准，因为消化卖盘需要较长的肩。长肩有三种情况：第一种情况是左肩长、右肩短，如深深宝 A，股价下跌到左肩且经过长时间消耗，若股价进一步下跌只是主力砸盘行为或者说是市场的最后一击。第二种情况是左肩短、右肩长，这表明下跌中卖盘消耗不是很充分，以至于股价筑底回升后卖盘涌出，需要在次低的位置消化卖盘才能使股价上涨。第三种情况是左肩和右肩都长，这时候就形成了所谓的"沟壑图形"，左肩形成时间基本等于右肩形成时间，这一般是大反转时出现的形态。这里介绍一下头肩底的基本成交量模型。左肩成交量应该是以缩量为主，成交量整体水平低，高投处于萎缩状态。随后在底部附近形成地量，这表明交投萎缩到了极点。在底部右侧，成交量逐步放大，这表明买方力量单方面增强，右肩处股价回落时成交量也应该相应萎缩。

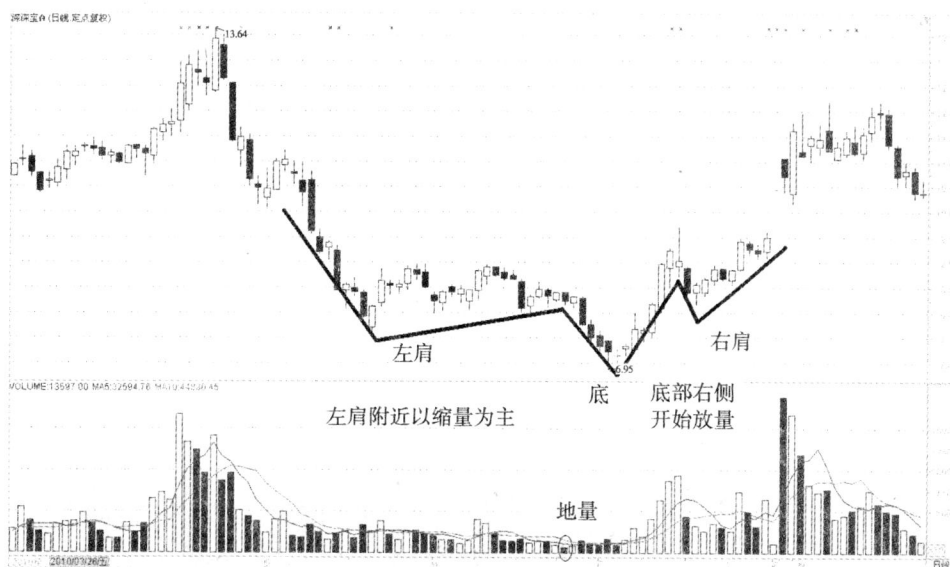

图 1-13　头肩底的成交量特征

成交量可以被看做是市场心理的最直接体现，因为成交量是由参与者引起的，而股价则是由成交量引起的。"量为价先"是主要机制，当然有时候"价也为量先"，但这是次要机制，如当股价出现某种形态时引发了炒家的集体行为，这样的成交量就主要是由价格形态引发的。

第五节　颈线突破关系头肩形态效能

传统的头肩形态都要等待颈线突破，甚至颈线突破回抽确认成功后才能确立操作信号，由此可见颈线突破对头肩形态的重要意义。为什么颈线被突破后才能进行操作呢？我们以头肩顶为例来展开说明，如图 1-14 所示，北方国际一路上涨到 38 元/股附近形成头肩顶，肩部消耗的时间非常短，头部消耗的时间则较长，左肩对应的成交量最高，其次是头部，右肩对应的成交量最低，这表明上涨中的疯狂行为在左肩处就出现了。最终出现大阴线跌破颈线，这时候放出了很大成交量，表明卖方力量非常强大。值得注意的是，如果股价在颈线附近

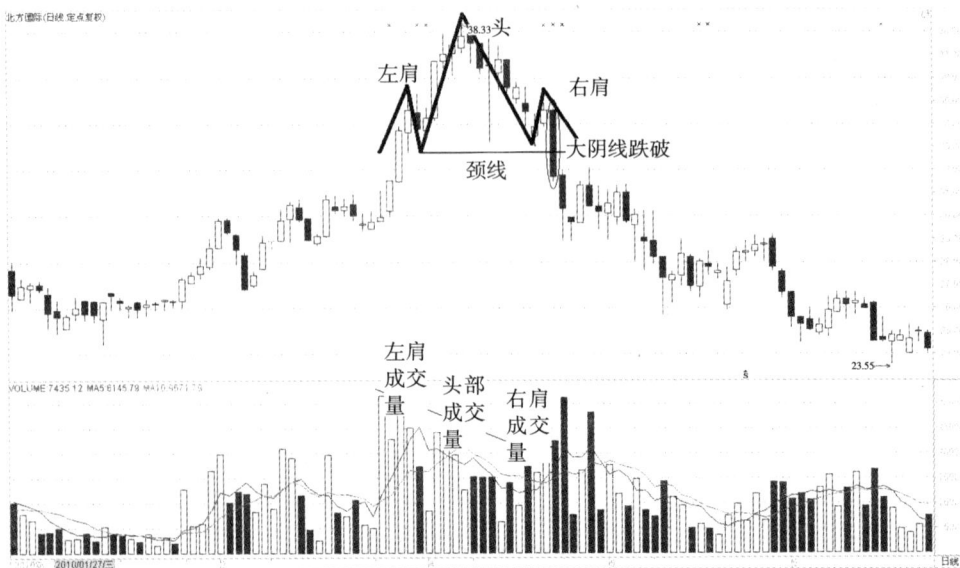

图 1-14　规则头肩顶形态的颈线突破

出现小实体线，其至看涨反转K线，那么此时出现大成交量并不是坏事，这表明市场转而上涨的可能性很大。确认颈线被有效跌破的方法有很多，其中一种是大阴线或者中阴线跌破，除此之外还有收盘价跌破等原则，成交量状态也是确认有效跌破的方法之一，炒家可以在短线操作实践中逐步总结出自己的心得体会。

　　这里来看一个较为复杂的头肩顶形态颈线是如何被突破的，如图1-15所示。中兴通讯的左肩和头部耗时都不多，右肩形成的时间较长，颈线以头和右肩夹着的谷底为准。成交量从左肩开始就逐步萎缩，这表明左肩到头这段走势已经出现了价量顶背离。股价在右肩形成反弹，但是这时并没有显著放量，成交量仍旧萎缩，反弹的高度也没有超过头部，由此看来多头力量在下降。不久之后，股价跌到颈线附近开始整理，此时成交量显著放大，这表明可能有大量买家进入，这种情况下继续下跌的可能性是非常小的。此后，股价长时间横盘整理，之后向下跳空，这个缺口才真正宣告了颈线击穿有效。

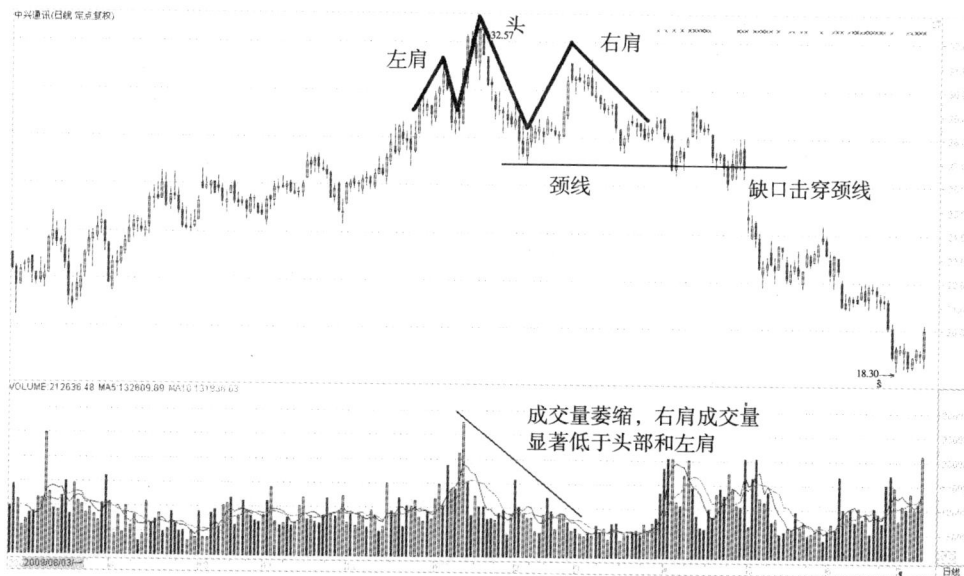

图1-15　不规则头肩顶形态的颈线突破

从上面两个例子可以发现颈线被突破有很多情况，但是如果颈线被突破时股价下跌不多，而成交量却放得很大，这表明短期内大幅下挫的可能性很小，股价转而上攻的可能性很大。颈线被有效击穿主要从下列几个角度去判断：

第一，股价击穿颈线时发生了大幅度的移动，如大阴线或者向下跳空缺口，出现持续下跌K线，而不是看涨反转K线。

第二，股价击穿颈线时成交量如果放大则价格必然向下大幅移动；如果股价小幅击穿颈线，但成交量却非常大，则回升或者横盘整理的可能性非常大。

第三，收盘价在颈线之下，如果是盘中价格，则击穿有效性很低。

第四，为了保证颈线被有效击穿，此前的头肩顶应该在量能特征上表现出顶部迹象，如顶背离等。

头肩底颈线被突破的相关原理与头肩顶颈线存在一些差别。股价击穿颈线时只要不出现看跌反转K线即可，成交量最好放大，但是最好不要出现天量（如果相应的股价出现了大幅度移动则酌情对待），除非是高度控盘下的无量跳空。

第六节　头肩顶的变异类型

头肩顶的基本类型是接近理想化的模型，但是真实行情走势中的头肩顶都与理想类型存在较大的差别，差别越大就越有可能被定义为变异类型。此前我们介绍过的左肩较长或者右肩较长（以及双肩都较长）的头肩顶就属于变异形态，除此之外还有一些其他类型的头肩顶变异形态，我们需要对其有单独的了解，这样才能在真实行情走势中对其加以识别，同时也知道如何单独对待和处理。毕竟，各种变异头肩顶类型之间在特征和操作上还是有较大的差异。在本小节我们主要介绍三种类型的头肩顶变异：第一种是右肩显著高于左肩，第二种是左肩显著高于右肩，第三种是头肩顶与双顶复合（严格来讲是顶部为双顶）。

第一种变异类型是右肩显著高于左肩，如图1-16所示。招商地产在60元/股附近形成了头肩顶形态，从图中可以看到这个头肩顶的右肩比较短小，但是位置高于左肩。左肩其实是一个复合结构，由多个小高点构成，这表明在上升到顶部之前已经遭遇了反复的抛售，从相应的成交量看不出什么端倪。股价冲高到头部时出现了难得一见的大阳线，但是很快形成顶部，股价开始下跌，右肩主要就是一根大阳线，之后股价逐步下跌，跌势越来越猛。右肩高于左肩一般表明多头刚开始还抱有希望，这种希望往往源于左肩高点位置的买入支撑，但是短促的上升表明右肩多头的后劲有限，此后的下跌当然就是理所当然的了。操作右肩高于左肩的头肩顶，一般可以不必等待颈线被跌破，左肩高点在右肩左侧位置被有效击穿即可。

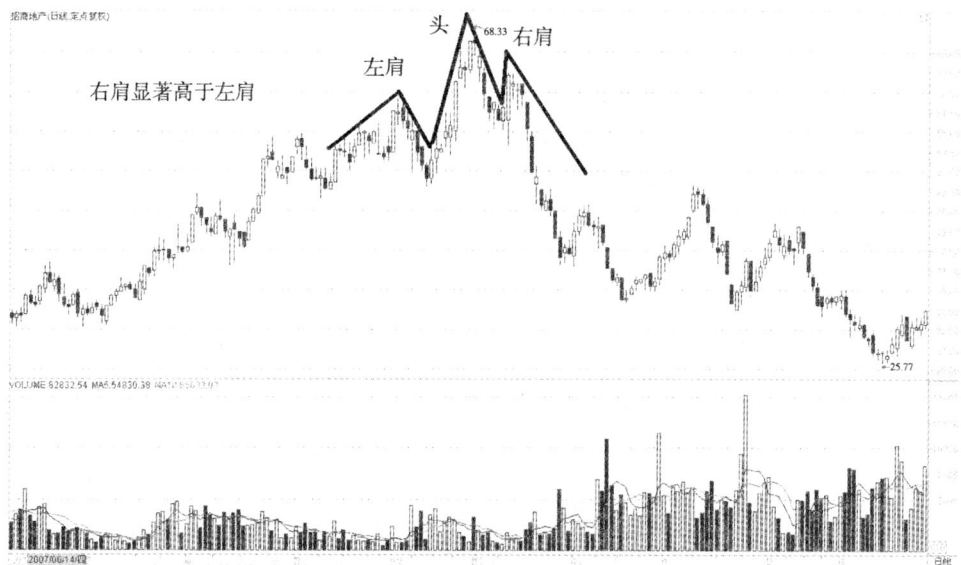

图 1-16　右肩高于左肩的头肩顶

　　第二种变异类型是左肩显著高于右肩，这种情况下的走势应该更弱。如图1-17所示，中航地产冲高到 32 元/股附近形成了头肩顶形态，左肩上攻犀利，而右肩却很勉强，这表明此时多头力量实际上还不如左肩，所以在右肩回落后不能再冲高到顶部的高位。右肩更小表明向上趋势已经结束，此后下跌趋势展开亦无太大的问题。

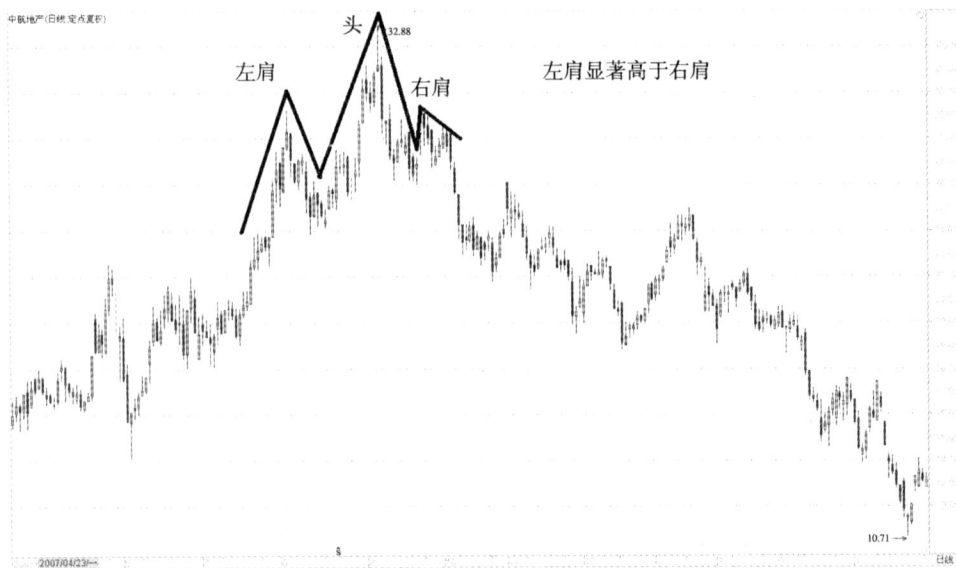

图 1-17　左肩高于右肩的头肩顶

　　有时头肩顶形态中会复合其他形态，如肩部由三角形整理或者其他复杂整理形态构成，或者顶部由双顶甚至三重顶构成。我们下面接触的就是第三种变异类型，这个变异头肩顶就是顶部由双顶构成，如图1-18所示，中粮地产形成头部时放出了天量，而这个头部其实是双顶，天量严格来讲是在第一个顶形成的时候放出的。在这种情况下，炒家可以在双顶颈线被有效击穿时就空仓，而不必等到右肩形成，不过右肩形成能够帮助炒家进一步确认空头信号。

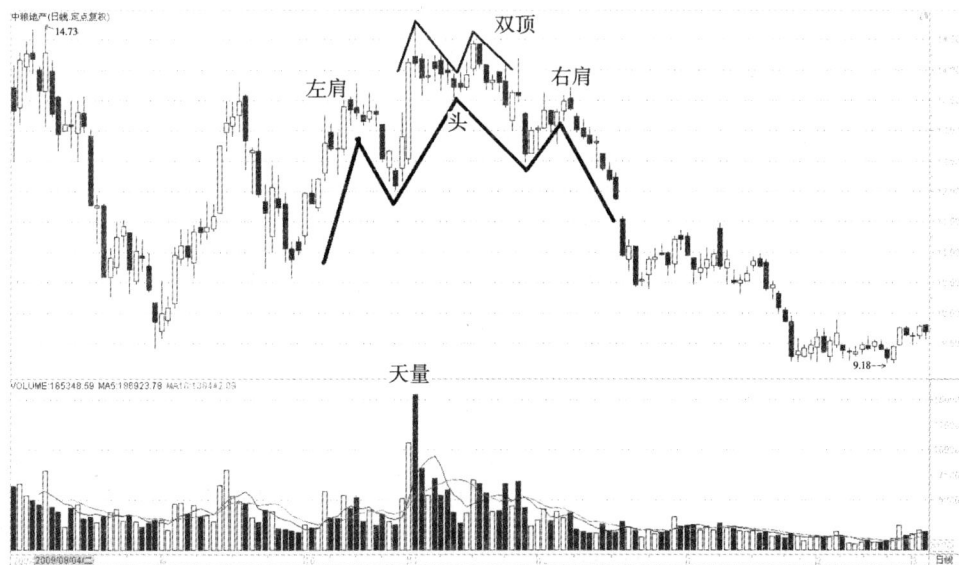

图1-18　叠加双顶的头肩顶

头肩顶的变异形式还有很多，我们在这里不可能——尽述，随着炒家实际分析水平的提高就会逐渐明白其中的共通之处，自然就会触类旁通，获得升华。

第七节　度量规则

形态分析涉及两个操作的要点：第一点涉及如何进场和设定止损点，这个炒家可以从前面的叙述中找到一些依据。第二点则涉及利润目标，这就是本小节要部分解决的问题。形态本身提供了关于利润目标较好的信息，但是光靠形态本身还不够，还需要借助趋势线和 K 线形态等。形态本身提供了利润目标，有两种主要度量规则（或者说度量原理）：第一种基于菲波纳奇比率，如 1.618 倍和 2.618 倍等，在艾略特波浪理论中就频繁地运用。第二种基于形态规模，一般是形态高度的 1 倍到 3 倍，我们这里主要介绍第二种度量规则。

如图 1-19 所示，中成股份形成了一个显著的头肩顶形态，头顶到颈线的高度被定义为形态高度，也就是 A 到 B 的高度，这就是单位 1，利润目标是 1 倍

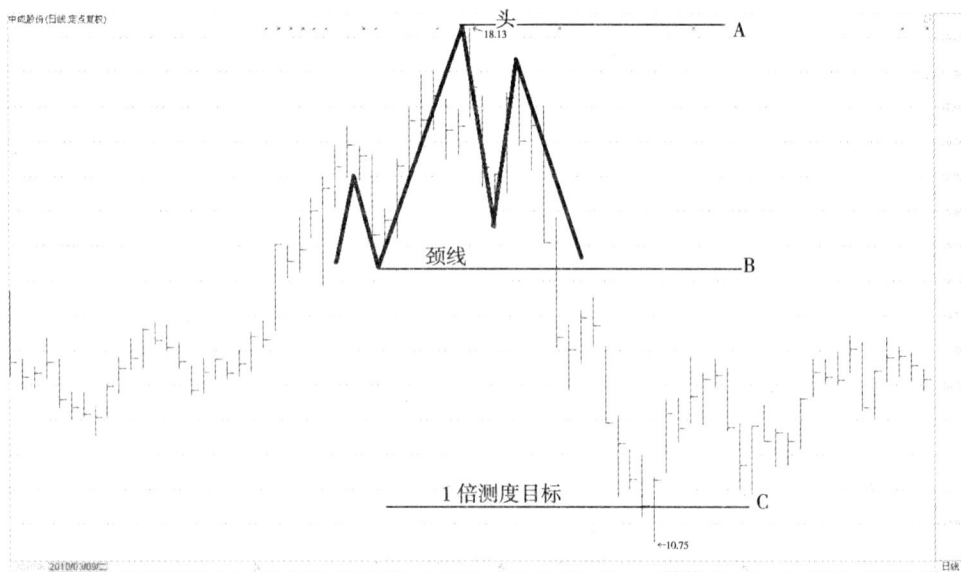

图 1-19　头肩顶的度量规则

（当然也可以是 2 倍或者 3 倍），这就是度量目标，股价随后下跌到这一利润目标附近止跌回升，也就是 C 水平处。度量规则为设定利润目标（盈利出场点）提供了参考，这样在设定利润目标的时候就不再茫然了。虽然这是一种传统的方法，但是并不是唯一的方法，更不是最有效的方法。

下面我们介绍对于头肩底如何运用度量原理，如图 1-20 所示。*ST 玉源从 10.44 元/股的高位下跌，跌到 6.88 元/股形成了头肩底。底部到颈线为单位 1，我们据此列出了 1 倍度量和 2 倍度量（度量的零点是颈线水平），从图中可以看到 1 倍度量目标处股价确实受到了一定的压力，这个位置恰好也是前期成交活跃区域，所以股价运行到这一位置其实也会受到前期阻力的影响（后面提到的对称原理会对此更加深入地解释）。股价最终并没有在 1 倍度量目标处反转，也没有在 2 倍度量目标处反转，而是在两者之间进行反转，这表明简单的 1~3 倍度量并不能真正解决问题，这就需要引入其他度量手段。

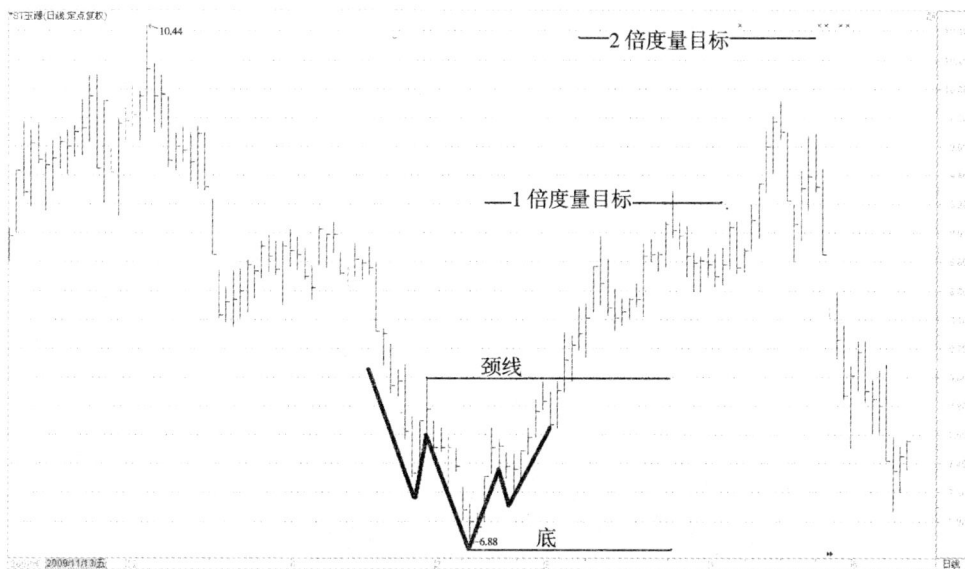

图 1-20　头肩底的度量规则

那么，具体可以引入哪些辅助度量手段呢？主要是K线和水平趋势线（包括支撑线和压力线等）。炒家要特别关注那些多重目标叠加的区域，也就是两个压力或者支撑叠加的区域。另外，也可以借助于K线，股价运行到目标价位出现反转形态相当于确认了此目标价位的有效性。这里我们结合具体的实例来帮助大家理解。如图1-21所示，*ST汇通在8元/股附近形成头肩底形态，根据度量原则我们可以得出1倍测度目标，这个1倍测度目标恰好与前期高点形成的阻力临近，这个区域就是叠加区域。此后股价上涨到这一叠加区域出现了看跌反转K线形态，一共有三处比较明显。A处是吊颈和流星线，B处是吊颈叠加黄昏之星，C处是流星叠加黄昏之星，这三处都确认此处的测度目标。当K线看跌反转形态出现在测度目标附近时炒家就可以确认此测度目标有效，这时候选择退出是明智而理性的。

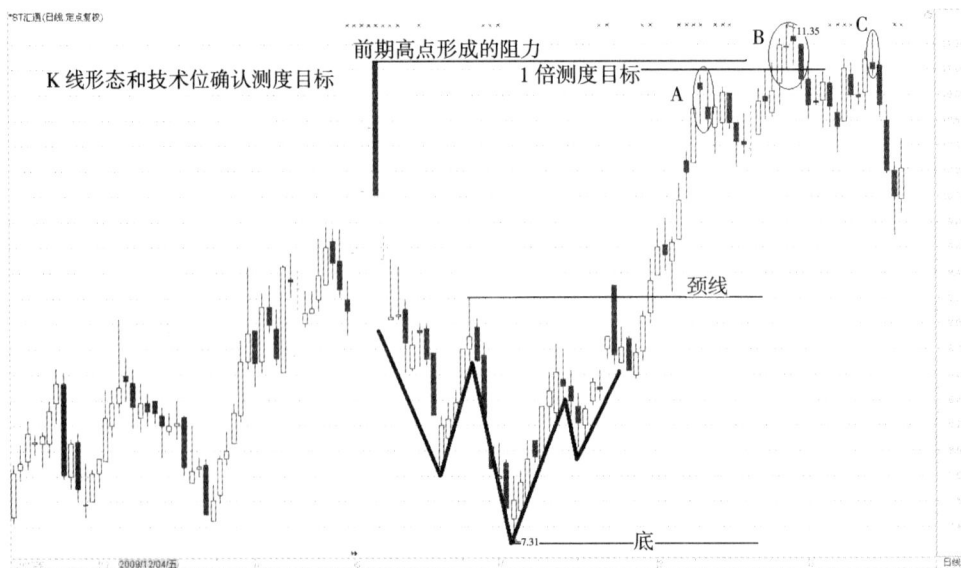

图1-21　K线和技术位辅助头肩形态的目标度量

关于目标度量还有很多方法和手段，比如之前我们提到的"相邻转折点符合菲波纳奇数字规律"，以及菲波纳奇比率分析方法、江恩理论等。炒家要把握一个关键点，即无论是哪种方法都不能作为武断分析的依据，必须综合起来运用，这点是大家需要注意的。

第八节 头肩底的变异类型

顶部形成时间很短，这是相对于底部而言，所以就形态复杂程度而言，头肩底的复杂程度一般要高于头肩顶。底部的形成往往需要卖家力量的衰竭，以及买家力量的重新聚集，这个过程很漫长，有些个股可能一直没能完成这个过程，如三板股票等。头肩底究竟有多复杂？我们来看一个具体的实例。如图1-22所示，ST三星从10.86元/股的高位下挫，在前期低点5元/股附近形成了复杂的头肩底形态。这个头肩底的左肩是三角形整理，右肩也是三角形整理，而且左肩比右肩的规模更大，而底部则是一个双底。这个头肩底相当于两个三角形

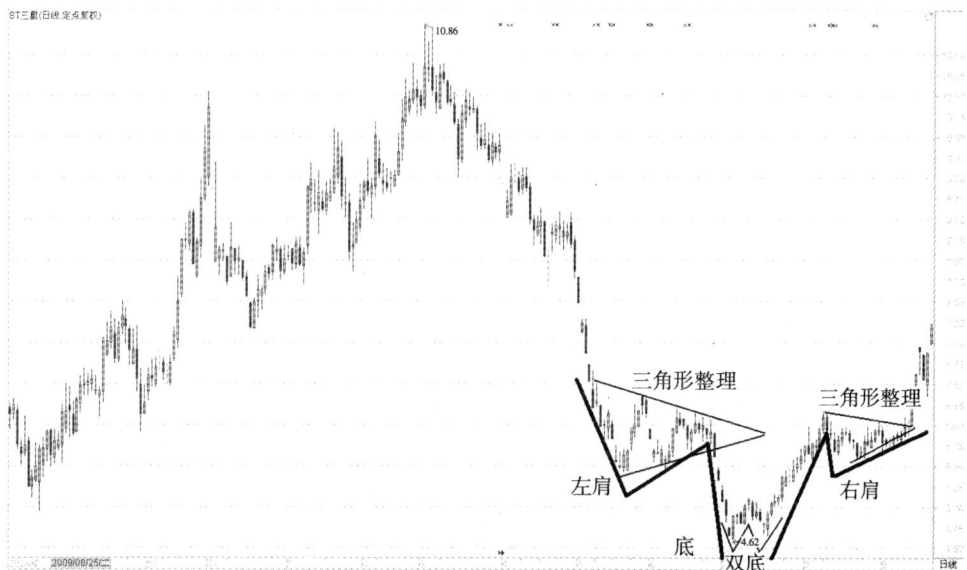

图1-22 复杂肩部和底部的头肩底

整理加上一个双底，因此复杂程度比较高。复杂并不意味着信号不明确，相反各个部分的信号可以相互验证。要想熟练识别出这类复杂头肩底，就必须多加实践，同时维持大视野，看到行情走势的大格局，不能沉迷于少数几个价格线。

　　除了其他形态复合到头肩底之外，还存在头肩底自身的复合，头肩底自身的复合包括两个情况：第一种情况是并列关系，也就是图1–23显示的形态。第二种情况是叠加关系，也就是头肩底中包含头肩底。我们这里主要介绍第一种情况，如图1–23所示，小天鹅A出现了两个并列的头肩底，其实这两个头肩底构成了一个双底。联合头肩底一般倾向于构筑大双底，这点要注意。

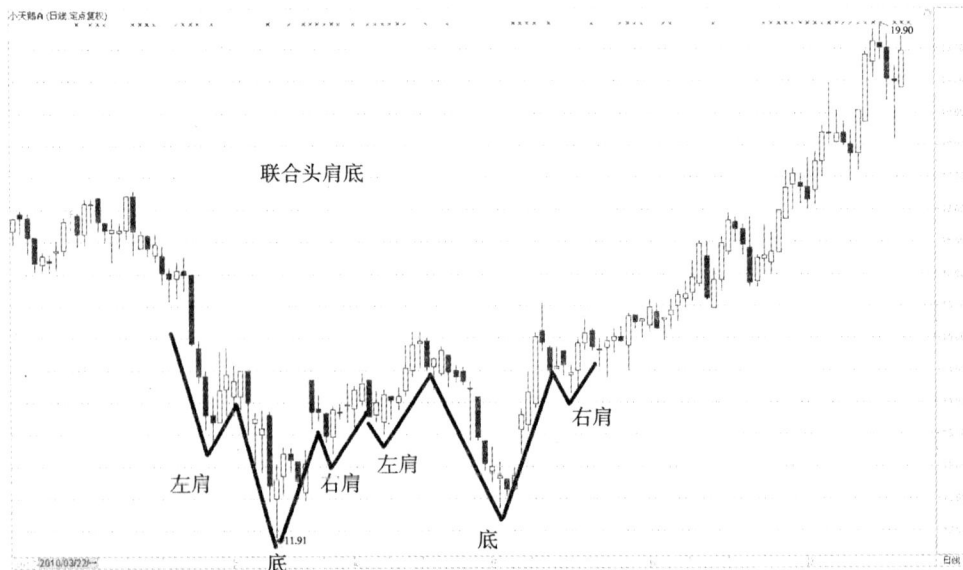

图1–23　联合头肩底

　　头肩底并不一定出现在绝对的底部，也有可能出现在上升过程中，如图 1-24 所示。富龙热电从 3.95 元/股开始一波单边上涨行情，在 10 元/股附近出现大幅度调整，形成一个头肩底，然后股价继续上涨。

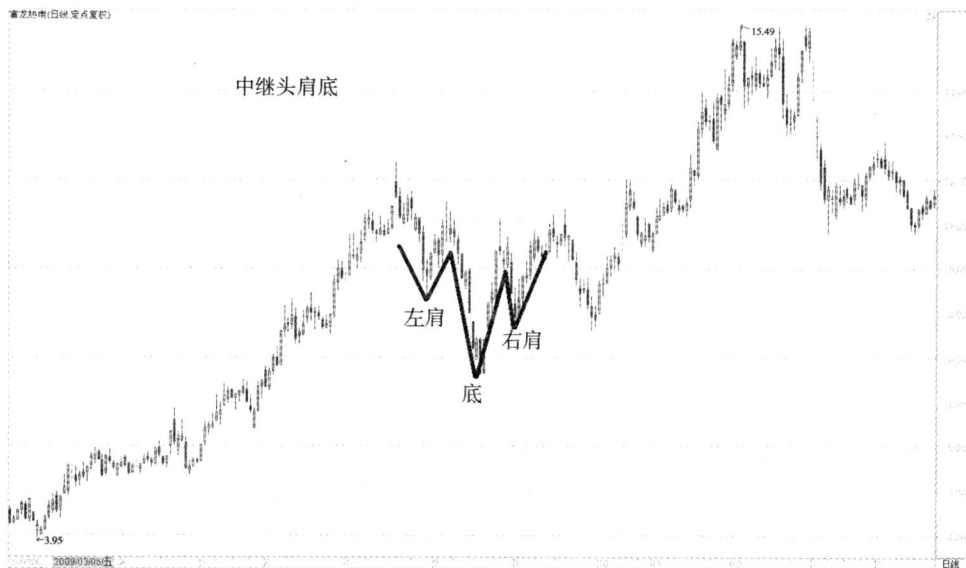

图 1-24　中继头肩底

第九节 对称规则

头肩形态中存在对称性，后面介绍的双峰形态和三峰形态，以及对称三角形也存在对称性，在股价行情走势中对称性体现在很多地方，在本小节我们有必要对这一频繁出现的特点进行归纳。

头肩底和头肩顶存在以极点为中心的对称特征，如图 1-25 所示。理想的头肩底以底部为中心左右对称，左肩对应右肩；理想的头肩顶以顶部为中心左右对称，左肩对应右肩。其实不管形态是否理想，一般都倾向于右边成为左边的镜像。左边有回调，那么右边的上涨就会相应地修正。

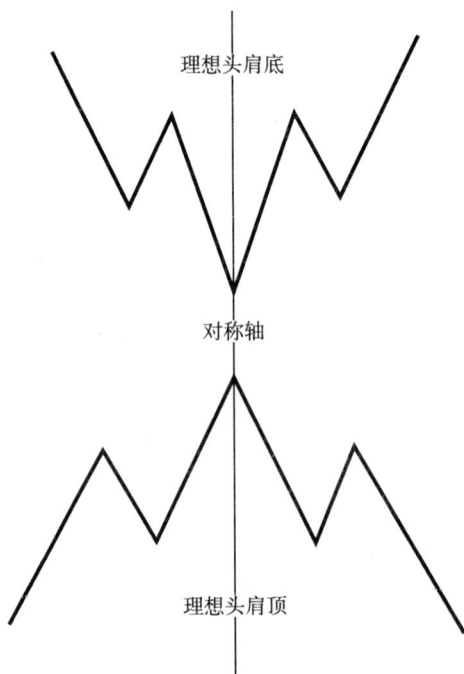

图 1-25 头肩形态中的对称

　　现实走势中的对称并不严格，最常见的对称是左边的上涨行情对应右边的下跌行情（或者是右边的下跌行情对应左边的上涨行情），行情大的曲折两边一般也是大致相似的，如图 1-26 所示。晨鸣纸业长期的走势类似于头肩顶形态，从图中可以看到"顶部"两边的走势是基本对称的。

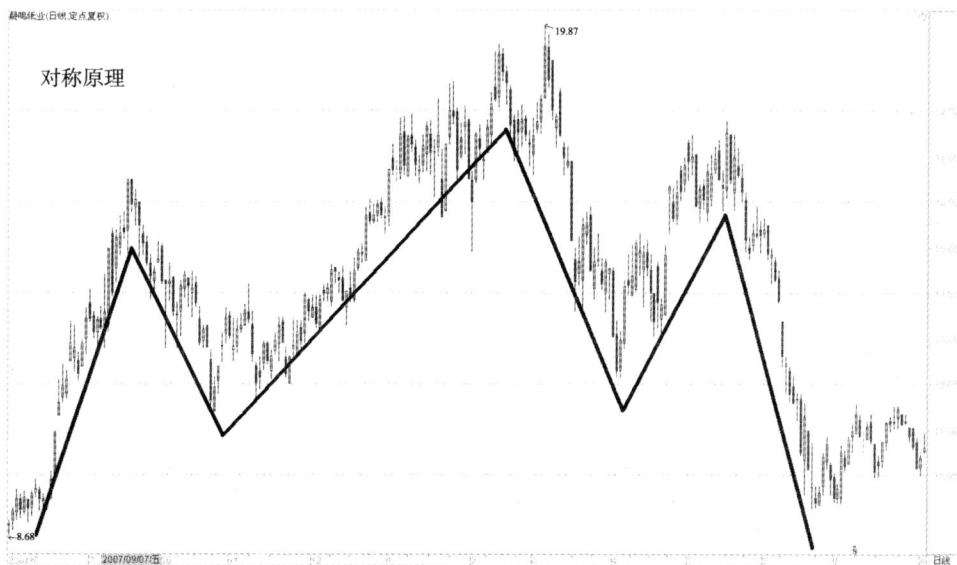

图 1-26　宏观走势中的对称

事实上，在现实走势中经常见到的对称是疏密程度的对称，如图 1-27 所示，这是鄂武商 A 的 5 分钟走势图。一段下跌走势对应一段上涨走势，下跌走势的成交密集区域对应上涨走势的成交密集区，下跌走势的价格快速运动区对应上涨走势的价格快速运动区。这种对称在日内走势中经常看到，对短线炒家而言，可以利用前一段走势的疏密程度来预测当前股价走势的节奏，如哪段区域有可能出现反复行情，哪些区域走势可能比较干脆利落。

对称规则的理想形式源于头肩形态，但是其效果并不明显；对称规则的现实形式源于疏密程度，这能够帮助短线炒家更好地把握持仓节奏。

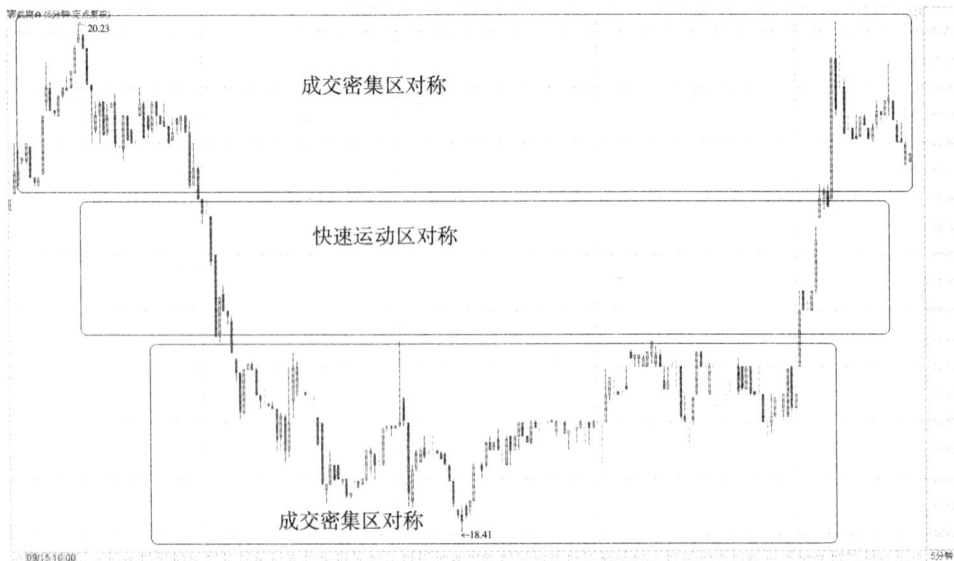

图 1-27 微观走势中的对称

星期二　经典形态策略基础（2）：弧形和三角形

第一节　弧顶和弧底

弧形是一种不太引人注意的反转形态，因为弧形形成的时间很长，有时候会被炒家认作其他形态。弧形顶部出现的频率大大低于弧形底部出现的频率，所以我们重点放在弧形底部的介绍。弧形底部得到了国外技术分析行家的一致赞扬，因为这是一种很好的看涨信号，如大名鼎鼎的威廉·欧奈尔就认为弧形底是一个绝妙的上涨指示器，他称之为"杯型底部"。

弧形被认为是买卖双方慢慢消耗的过程，其中较有韧劲的一方将获得最终的胜利。弧形也被认为是"温水煮青蛙"的过程，因为其中的一方将在不知不觉中陷入套牢的境地而失去最佳的退出时机。西方技术分析中的弧形也被称为圆底或者圆顶，下面我们就详细介绍弧顶和弧底的技术要点和交易要领。

弧顶一般比弧底形成的时间更短，因为股价要有不断的资金涌入才能维持在高位，一旦失去资金的支撑就会像受到"重力"牵引一样下跌，这就好比"自由落体运动"。因为弧顶耗时较短，所以比较容易出现尖弧顶，也就是偏尖的弧顶，如图 2-1 所示，深振业 A 在 9.7 元/股到 9.5 元/股一线一直受到较强的抛压，前期 K 线走势在这个区域附近也呈现了承压迹象，如股价上冲到 9.5 元/股处出现了流星形态，长长的上影线确认了此处的阻力存在。与此相对应的是深振业 A 在 6.5 元/股附近获得了强支撑，股价三次到达这里都强劲反弹。前两

33

次反弹形成了一个较大规模的双底，两个底部都可以看到纺锤线，也称为"螺旋桨"。第三次反弹并不是"V"字，而是经历了一个较长时间的横盘整理，底部中包含复杂的小型底部，之后股价才从 6.5 元/股展开反弹，这表明相对于此前两次反弹，这次支撑的力度较弱，后市跌破这个支撑线的可能性很大。股价反弹到 8.5 元/股之下形成了弧顶，这点距离 9.5 元/股的前期高点尚远，这表明多头的力量减弱。此后股价快速下跌，跌破了前期低点，在 5 元/股整数关口才获得支撑，反复震荡消化卖盘后开始新的一轮犀利上涨走势。

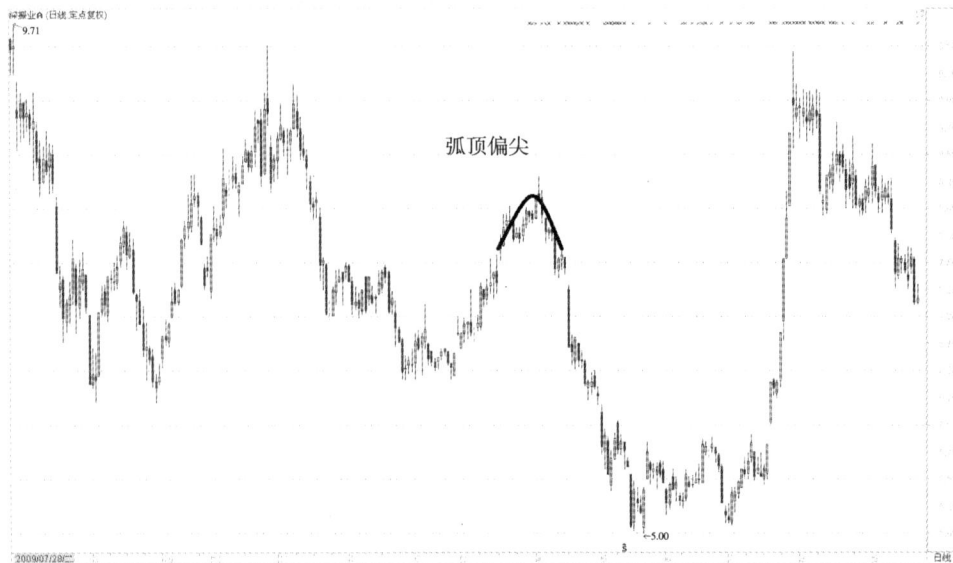

图 2-1 偏尖的弧顶

　　弧顶不一定出现在绝对顶部，有可能如图 2-1 所示，出现在相对顶部，这时候可以看成是下跌中继形态。弧底也有这种情况，也就是说在绝对底部和相对底部都可能出现上述情况。下面就对弧底展开介绍，弧底形成的时间一般较长，如图 2-2 所示，天山纺织在 1.5 元/股到 2 元/股一线存在很强的支撑，股价在此展开长时间的整理，这是一个弧底，其中叠加其他形态，因为弧底一般是其他形态的复杂复合形态。经过这个缓慢的卖盘消化过程和买盘积累过程，股价开始缓缓向上。后面会谈到弧底左右两侧的买卖盘变化，这其中涉及多空主导力量的转换。

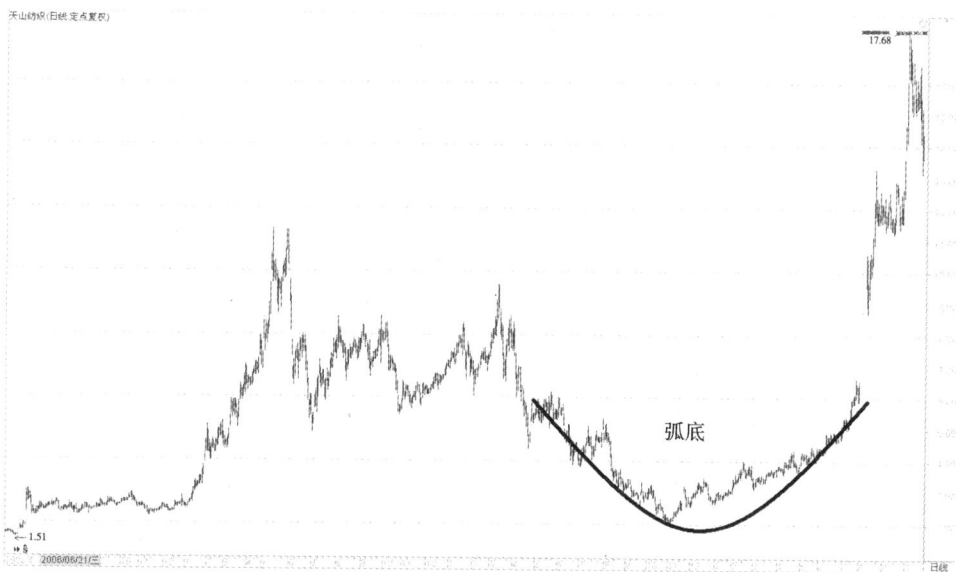

图 2-2　一般弧底

　　弧底有时也会出现所谓的"测试现象",这就好比在头肩形态和双峰形态中有时候会出现测试颈线一样,当弧底出现回调特征时,市场人士就会将这种弧底特别定义为杯底。如图 2-3 所示,超声电子从高位震荡下跌,走势曲折,跌至 6 元/股开始减速,在这个过程中下跌速率下降形成了弧底的左壁,这是卖盘被消化的过程。股价最低下跌到 3.42 元/股,然后开始逐步回升,回升速率在逐渐增加,这反映在曲线斜率的增加上。在升至弧底口之前股价下跌,但是在距离底部较远的位置回升,创出新高,这就是"杯子把手"的形成过程,至此整个杯底就形成了。杯底在当代一些技术分析大师眼中具有很高的地位,他们认为这是股票市场上一种非常可靠的底部形态,失败的几率几乎为零,如果再结合成交量进行判断则几乎可以做到万无一失。下一节我们将重点介绍弧底的成交量特征,因为其中具有一些显著的特点,可以让炒家洞悉股价形态走势背后的群体行为和多空力量对比。

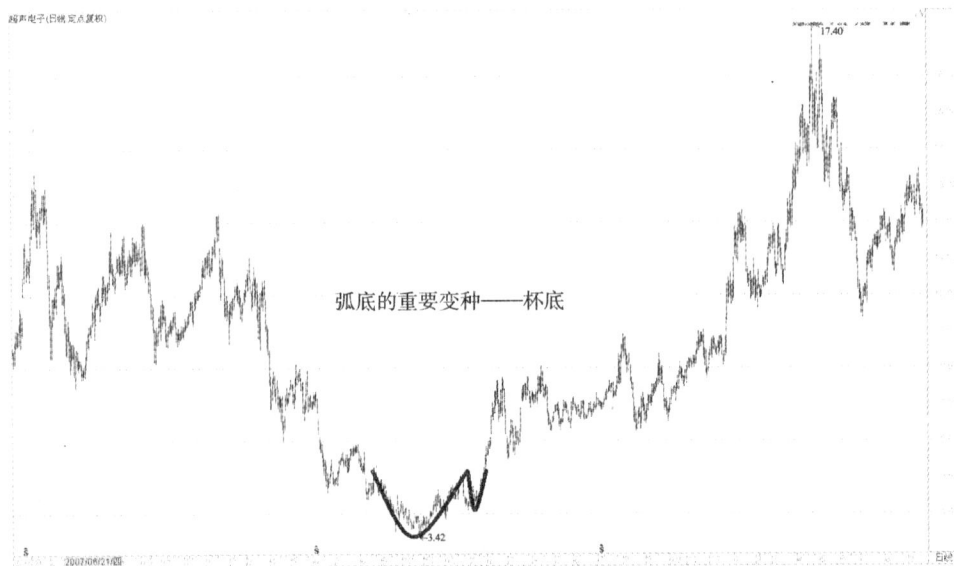

图 2-3　杯底

第二节 弧形中的成交量特征

弧形是一个漫长的消耗过程，小型的弧形可靠性不高，它一般是更大形态的组成部分。规模适当的弧形伴随着成交量的显著变化，这点可以从下面的例子中得到证实。首先，我们来分析一下相对不重要的弧顶，如图2-4所示。弧顶形成时间较短，一般伴随着相对较高的成交量，因为这实际上是一个多空高位激烈"交火"的形态。虽然弧底也是多空力量转化的过程，但基本上是一种自然的过程，弧顶则是双方消耗力量的过程。弧顶成交量较高，但并不一定是最高，所以弧顶本身的成交量并没有明显的形态，我们需要结合其他量能指标进行分析。如图2-4所示，沈阳机床在23元/股附近形成了一个弧顶，成交量维持在较高水平，此后股价横盘整理，最终摆脱整理区域，大幅下跌。弧顶作为交易形态并不具有普遍适用的价值，往往通过其他技术手段，如K线和天量才能达到更好的效果。

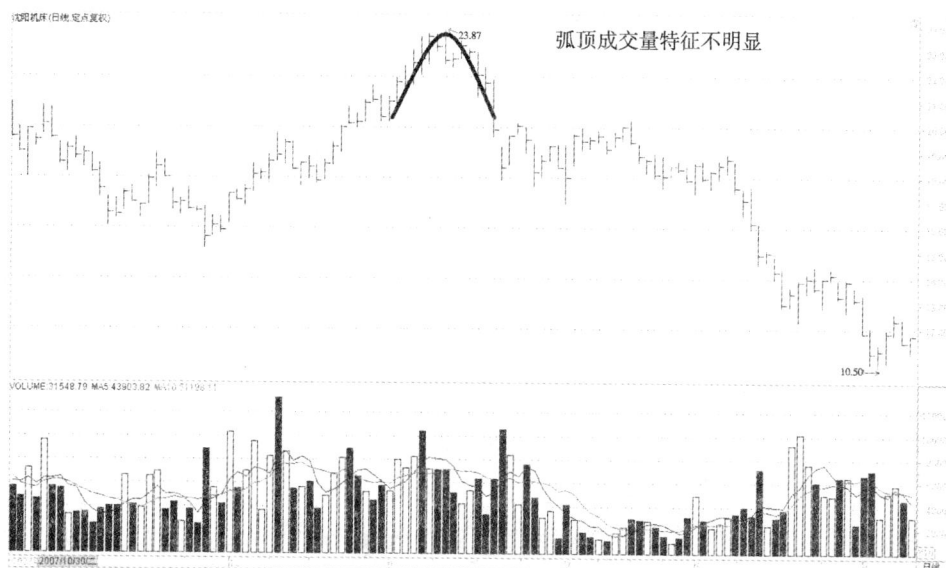

图2-4 弧顶成交量特征

相对于弧顶而言，弧底的可靠性更高，成交量特征也更加明显。如图 2-5
所示，海虹控股从 13.66 元/股的高位下跌，跌至 8.5 元/股开始横盘整理，之后
继续缓慢下跌消化卖盘，成交量逐步萎缩正是卖盘逐渐下降的表现。成交量萎
缩到地量之后股价开始回升，这时候成交量也逐渐放大，这是买盘逐渐增加的
表现。这个过程中成交量的形态也呈现弧形，首先是主动性卖家减少，然后是
主动性买家增加。而在弧顶附近主动性卖家和买家都很多，这点要加以区别。
弧底介入时机比较宽裕，在杯口形成前后都可以，有些激进的交易者会选择在
地量出现后价涨量增时介入。

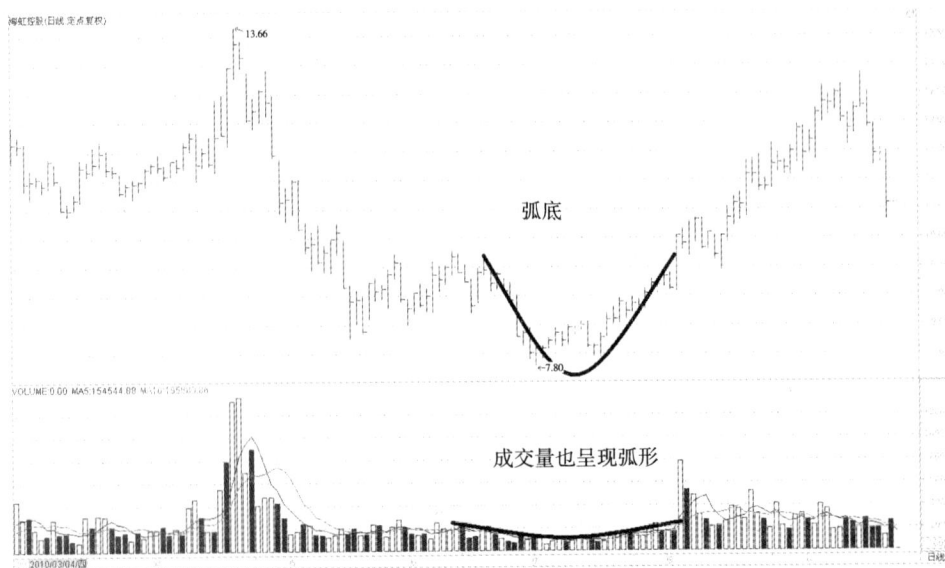

图 2-5　弧底成交量特征

　　某些重要的技术形态可以由弧底复合而成，如双底。如图 2-6 所示，TCL 集团走势中出现了一个双底，这个双底比较特别，因为是由两个弧底构成的，所以也可以看成是联合弧底。这种情况也可以看成是特殊的杯底，因为"把手"部分出现了较为夸张的调整。两个弧底可以更加充分地消化卖盘，同时更好地集聚买盘，最终完成趋势方向的转换。但是一只股票如果筑底时间过长则主升浪一般来得较晚，所以股价从底部上涨后很长一段时间内涨势比较平缓，或者跌跌撞撞。弧底的成交量特征在联合弧底中也表现出同样的特征，只不过买卖盘力量的转换经历了两次而已。相比股价，成交量也走出了弧形。

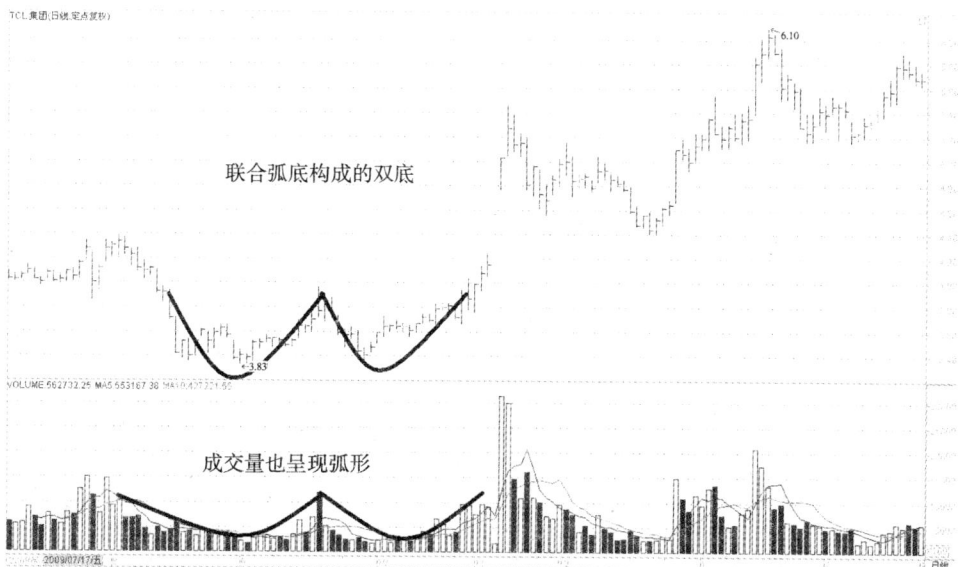

图 2-6　联合弧底的成交量特征

第三节　弧底变种

　　弧底除了标准形态之外，还存在一些更加现实的变种。所谓"现实"就是在真实行情走势中出现频率较高，它与理想模型相对。弧底耗费时间较多，但这并不意味着弧底都呈现为半圆形，有时弧底也可能偏向"V"字形态，这就是偏尖的弧底。如图2-7所示，特力A从21.88元/股高点快速下挫，相比上涨时的速度稍微慢了些。跌到上涨前的整理区域时开始止跌回升，在这个过程中形成了弧底。弧底形成时间很长，但是形态并不平滑，底部较尖，与复杂的头肩底形态比较相似，这就是技术形态分析中模棱两可的情况。不过，无论是哪种情况都是较为强劲的看涨形态。偏尖弧底与"V"字底区别还是较大，偏尖弧底形成时间很长，"V"字底部形成时间很短，大型"V"字底部一般被定义为弧底，因为"V"字形反转一般发生在4个交易日内。"V"字反转更多是靠K线和成交量加以识别，而不是靠形态分析。

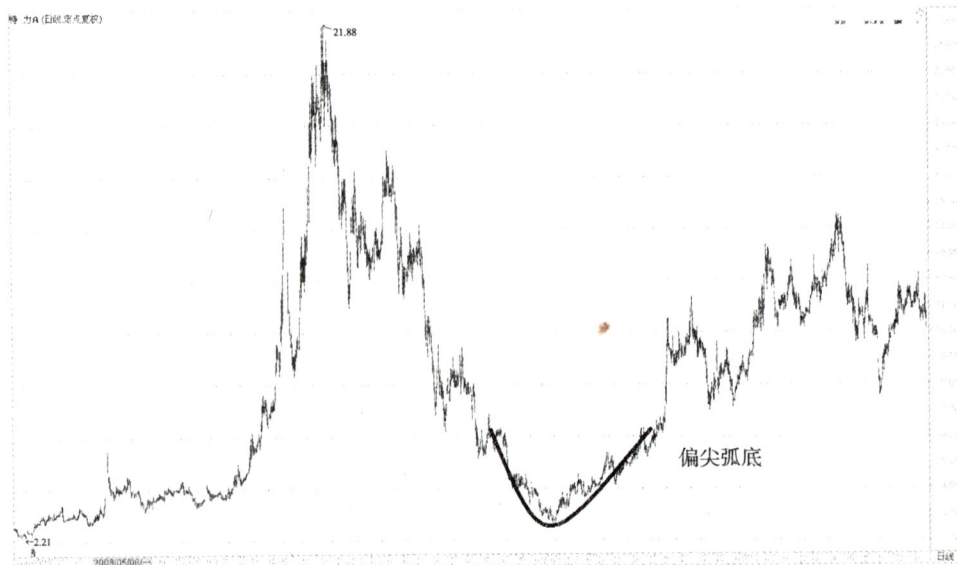

图 2-7　偏尖弧底

弧底并不一定是底部反转形态，有时成为上涨中继形态。如图 2-8 所示，深康佳 A 从 2.49 元/股的低位逐步上涨，之后出现回落，形成一个弧底形态，其中夹杂了小双底和其他反转形态。弧底的左侧缺乏长期下跌走势，这是中继弧底与一般弧底的区别，但在成交量方面可以发现两者具有相同的特点。很多底部反转形态都可以作为中继形态存在，如头肩底和双底，当然双底也可能是矩形的一部分。中继弧底的出现一般跟艾略特波浪模型中的第二浪调整有关，一般不会出现在第四浪中。因为第四浪往往跟矩形有关，是复杂的调整。所以，由艾略特波浪理论可以推论，中继弧底的调整深度一般是此前上升浪的 1/2，这是二浪调整的深度。

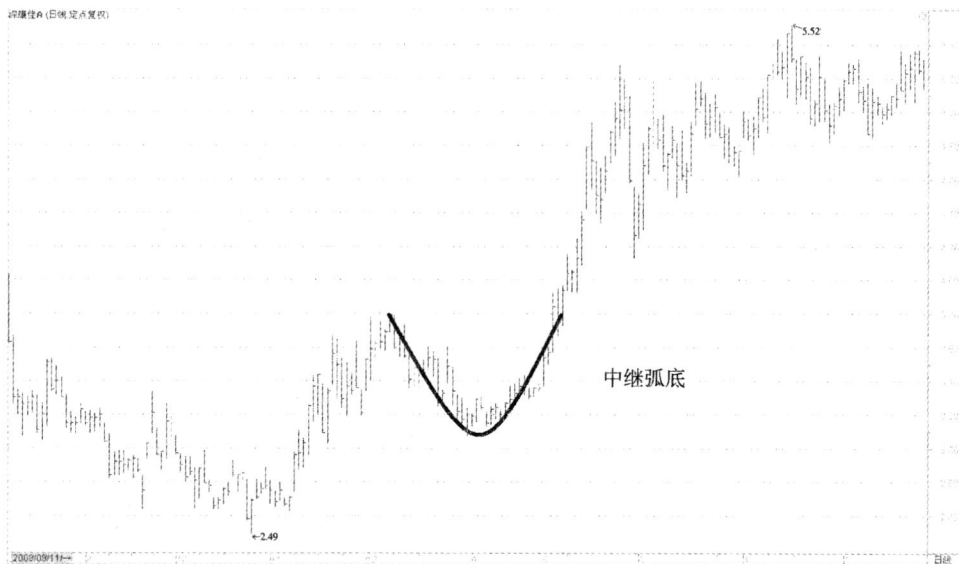

图 2-8　中继弧底形态

弧底内部的构造比较复杂，在现实走势中，弧底内部通常包含其他底部，如头肩底。如图2-9所示，深赛格一路大跌，中间经历过一次矩形调整，调整结束后继续快速下跌，下跌幅度相同，这个规律我们称之为1倍延伸（对称原理之一）。股价跌至1.58元/股的低点后开始回升，整体来看这是一个弧底形态，但是仔细分析这个弧底的下半部可以发现这是一个头肩底形态。弧底往往是以复合结构的形式出现，所以弧底往往需要与其他形态结合起来分析，以提高形态分析的精准性。按照艾略特波浪理论的模型，弧底这类形态或者是一浪的起点，或者是二浪和四浪的调整，而这些行情阶段一般都会叠加很多中继和反转形态，如锯齿形和三角形等，所以炒家应该对弧底这种复杂调整的常见形态进行更加深入的研究。

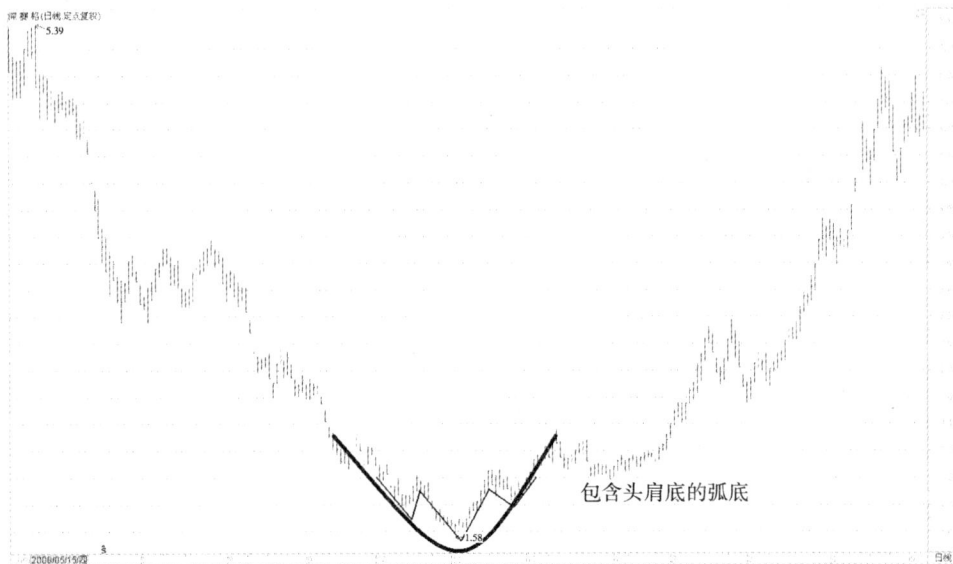

图 2-9　头肩底与弧底

第四节 对称三角形

三角形属于西方技术形态中仅次于双峰形态的重要类型，对称三角形是其中比较中性的形态，多空特性都具有此形态，其行情更多地取决于此前行情的走势。出现在上升走势中的对称三角形一般是上升中继形态，调整结束后继续上涨；出现在下降走势中的对称三角形一般是下降中继形态，调整结束后继续下跌。但是，不管是对称三角形还是后面要介绍到的上升三角和下降三角其实都不能绝对化地划分为看涨形态或者看跌形态，最严谨的态度是让市场突破来识别这些三角形的涨跌属性。

除了三角旗形，其余的三角形严格来讲内部都有 5 浪，按照艾略特波浪理论的模型，这 5 浪内部是由 3 个更小的浪构成的。对称三角形的上边倾斜向下，下边倾斜向上，理想情况下两条边的倾斜度绝对值一致。如果股价向上突破对称三角形，则倾向于跟进突破买入；如果股价向下突破对称三角形，则倾向于跟进突破卖出。

下面我们就来介绍三种情况下的对称三角形：第一种是充当上升中继形态的对称三角形。第二种是充当下降中继形态的对称三角形。第三种是充当反转形态的对称三角形。如图 2-10 所示，S*ST 华塑在 5.6 元/股附近形成双底，然后股价逐步上扬，在 9 元/股附近开始横盘整理，从图中可以看到其中出现了收缩的 5 浪，即后浪较前浪的幅度更小，呈现逐步缩小的形式，在艾略特理论理想模型中，后浪是前浪的 0.618 倍左右。调整一段时间之后，股价向上突破对称三角形上边界时可以买入，止损点设在三角形下边偏下。

对称三角形除了出现在上升走势中之外，还会出现在下跌走势中，因为它反映了市场走势的犹豫，多空力量的僵持，哪一方取得最终的胜利，行情就朝哪一方运动。下跌走势中出现对称三角形就表明空头的主导优势让位于均势，如图 2-11 所示。银基发展从 6 元/股整数关口附近下跌，股价跌至 4 元/股附近出现了对称三角形，股价走出了 5 浪形式，然后选择向下突破。只是继续下行的幅度不大，所以出现了止跌回升走势。这里不能将这个下降三角形看成反转三角形，因为股价是在向下突破之后才转而向上的。

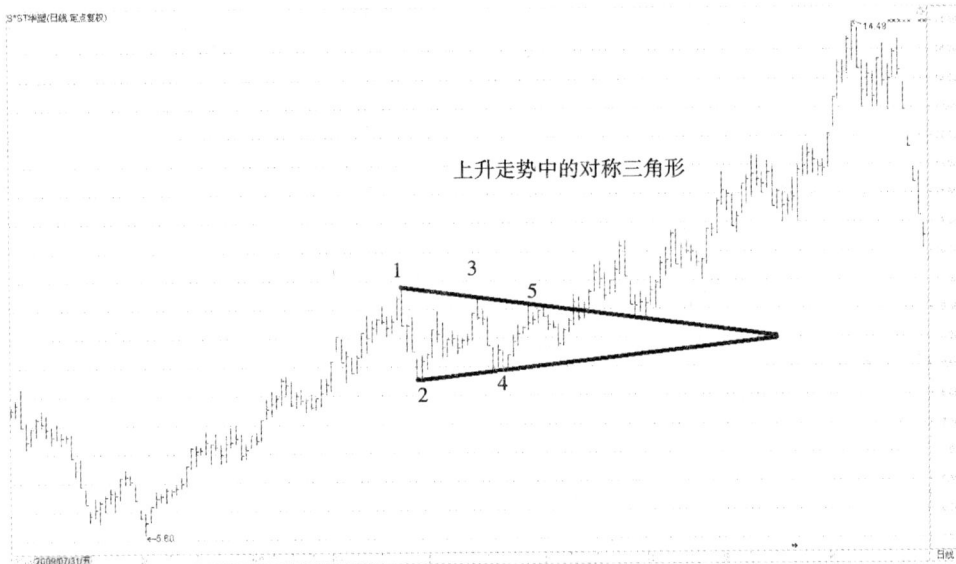

图 2-10 上升走势中的对称三角形

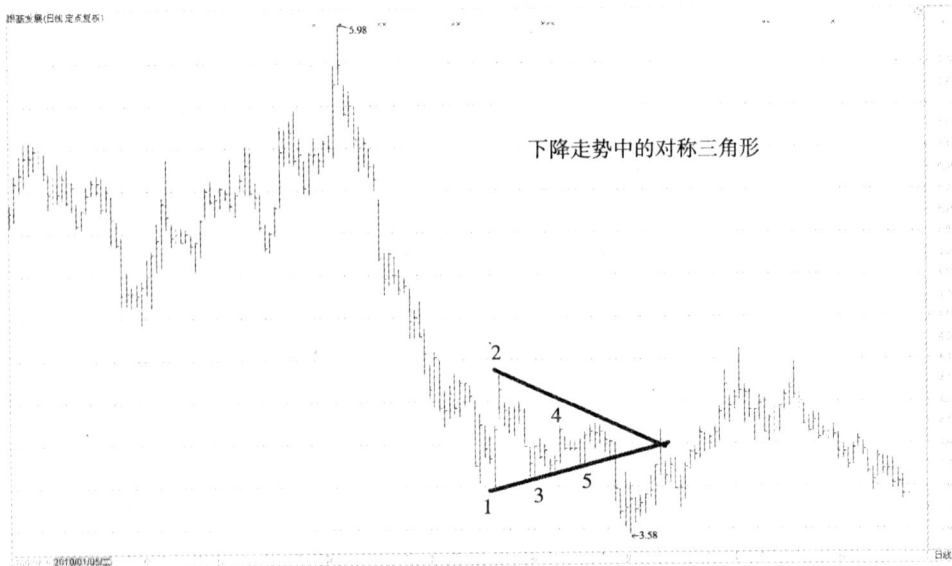

图 2-11 下降走势中的对称三角形

　　如图 2-12 所示，白云山 A 走势中出现的对称三角形是一个反转形态。股价快速上冲到 16 元/股附近，然后快速下跌，下跌速率稍微小于上涨速率。整体呈现为 V 字反转，也可以当做是小型双顶。股价跌到 12 元/股就出现了横盘整理态势，这时候股价形成了整理 5 浪。整理后股价运行到对称三角形的上边界，然后快速向上突破，走出一波新的上涨走势，一直上冲到前期高点附近。这个对称三角形是多空力量转换的一个体现：股价第一次上冲后空头快速占据主导，不久之后股价步入到收缩整理状态，这表明多头与空头势均力敌，股价向上突破则表明多头重新获得主导地位，此后股价再度上冲。对称三角形类似于十字星形态，两者都体现了一种实力均衡状态，体现了市场情绪的犹豫。对称三角形一般不会在三角形末梢顶点处才被突破，若出现该种情况则一般认为三角形失效，正常情况下三角形应该在最后 1/3 处附近被突破。

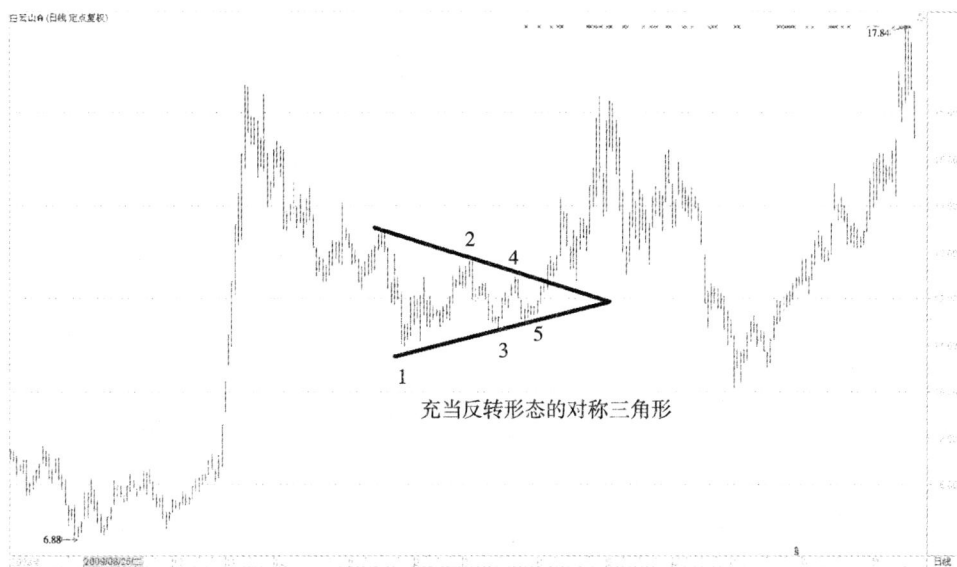

充当反转形态的对称三角形

图 2-12　充当反转角色的对称三角形

第五节 对称三角形的突破

对称三角形突破的有效性取决于突破的特征，在本小节我们将专门介绍对称三角形的突破特征，其中涉及突破的价格形态、成交量形态和收盘价特征等，希望炒家在实际操作中能够加入自己的操作理念，以便能够获得属于自己的进步。形态分析很多时候需要独特经验和见解，炒家需要不断地总结和创新，旧的形态只有被加入新的因素才能继续使用。

下面我们分析 *ST 威达走势中出现的对称三角形，如图 2-13 所示。股价从一个长期低位整理区域走出单边向上走势，在 9 月附近出现了较大规模的对称三角形。出现较大规模的对称三角形表明市场出现了长期的犹豫状态，多空双方胶着，力量对比出现均势，要想打破长期的均势就需要较强的瞬间爆发。怎样才算比较强的瞬间爆发呢？大阳线和向上跳空缺口比较典型，当然也要有成交量放大，这些都是比较常见的瞬间爆发特征。在本例中，*ST 威达向上突破时采取了向上跳空缺口。向上跳空缺口是较大阳线更为强劲的突破走势，西方技

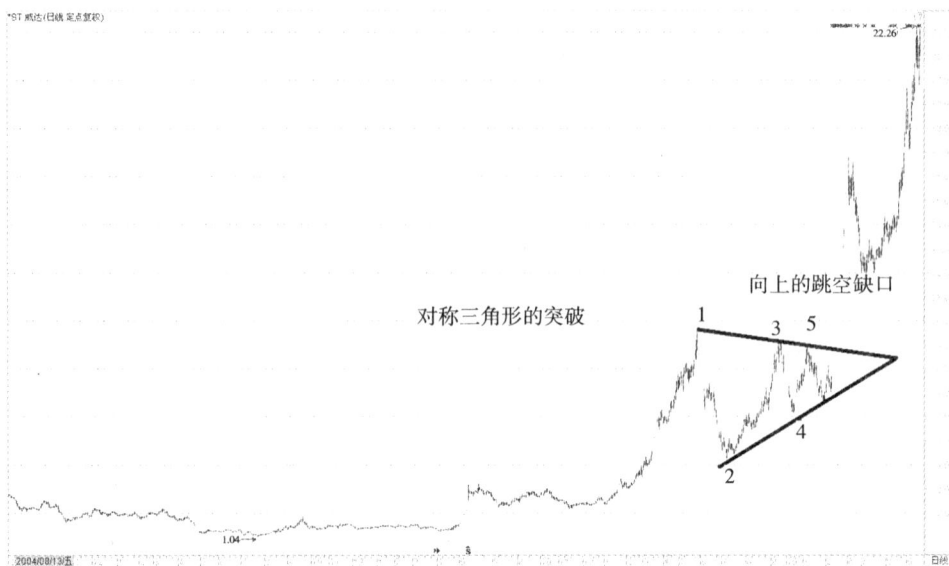

图 2-13　跳空缺口突破

术形态分析中非常重视这一模式，它与反转日构成了西方技术形态微观分析的两大基石，后面的章节将会详细介绍。

对称三角形整理时成交量一般是缩小的，向上突破时成交量是放大的，向下突破时成交量没有显著变化，对称三角形突破的有效性还可以从突破时的收盘价特征加以鉴别。这里我们以向下突破对称三角形为例来进行说明，向下突破对称三角形时，突破日的收盘价若在下边界之下，则表明空头全天占据主导，将多头打压在对称三角形之下，股价继续下跌的可能性很大。如图 2-14 所示，焦作万方从 27.76 元/股的高位下跌，高点越来越低，低点也越来越低。股价跌到 20 元/股附近出现了横盘整理走势，这时候形成了 5 浪调整走势，这是典型的对称三角形形态。这个对称三角形被向下突破，突破日的收盘价在下边界之下，可以将其作为一种确认突破有效的信号，股价继续下跌的可能性很大。此后，股价果然继续下挫了几日，基本上等于对称三角形的高度，这是后面要谈到的三角形度量规则。

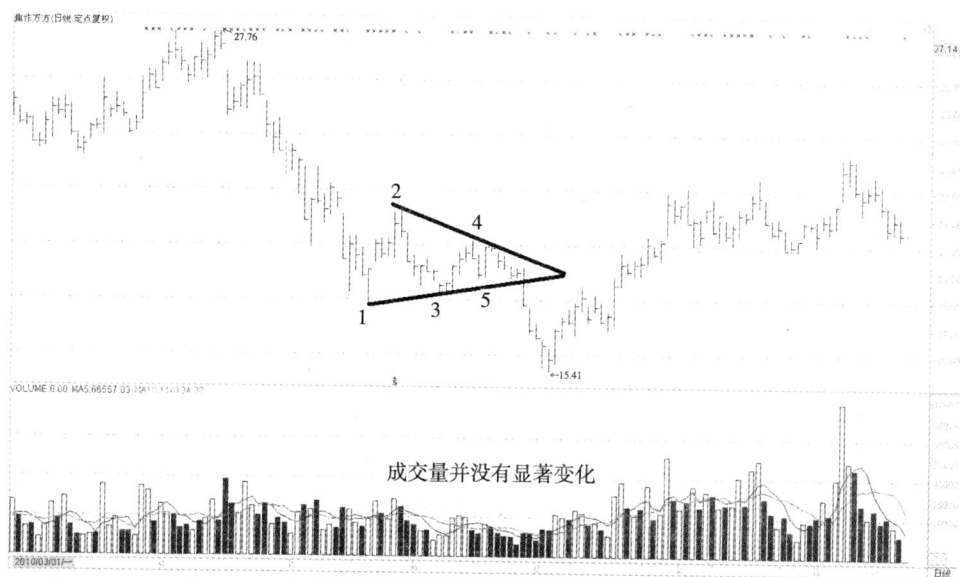

图 2-14　向下突破的成交量特征

　　我们再来看一个向上突破的实例，如图2-15所示，ST合金股价下跌到6.72元/股附近后逐步拉升；然后形成了对称三角形。对称三角形和所有三角形一样（三角旗形属于旗形，不属于三角形），内部存在5浪。最终，股价向上突破，突破日的收盘价高于上边界。这可以作为向上突破有效的信号，这时候买家可以进场参与。

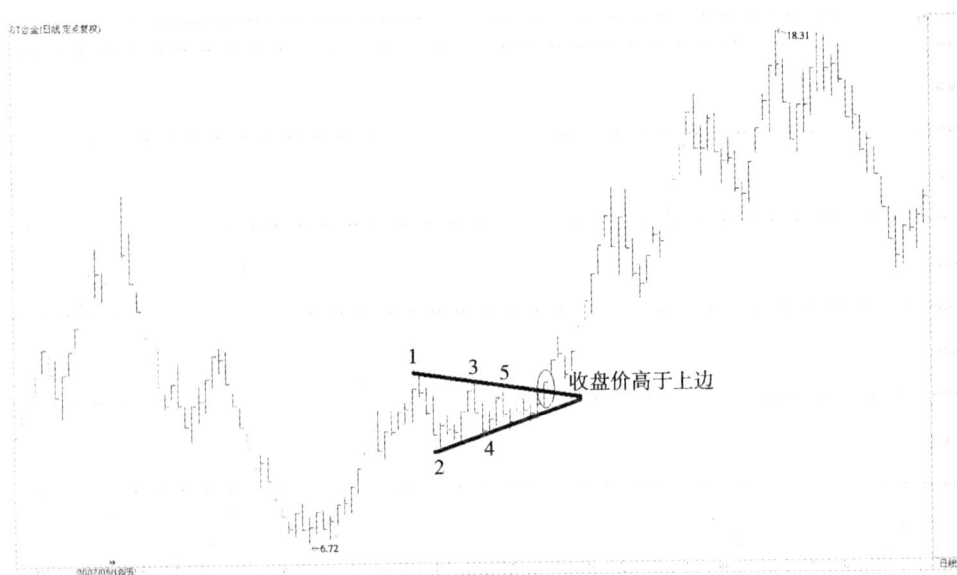

图2-15　突破的收盘价特征

开盘价数据在早期的证券市场是不太可能取得的，同时也不太被西方交易者所重视，他们更加重视极端价格和收盘价。收盘价表明了一天交易中最后的胜利者，如果在一天交易区间的较高位置收盘，则表明多头占据主导；如果在一天交易区间的较低位置收盘，则表明空头占据主导。因为收盘价相对于盘中价格更具有稳定意义，当收盘价在某一水平之上则表明股价继续上涨的可能性很大，当收盘价在某一水平之下则表明股价继续下跌的可能性很大。"某一水平"一般是指压力水平或者支撑水平。

第六节　上升直角三角形

对称三角形是比较中性的形态，本身并没有指示多空的含义，但是本小节和下一小节介绍的直角三角形本身就具有多空含义。上升直角三角形倾向于看多，下降直角三角形倾向于看跌。下面先介绍上升直角三角形，这种三角形的上边是水平的，下边向右上倾斜。这表明多头在逐步取得进步，虽然没有创出新高，但是底部在抬升。从整体上看，多空双方力量处于均势，所以谨慎的炒家还是需要等待股价突破来进一步确认操作方向。

上升直角三角形可以出现在三个比较常见的位置：底部、上升趋势中段以及顶部。当然，也可能出现在下降趋势中段，这种情况下就是下跌中继形态。我们先来介绍一下出现在底部位置的上升直角三角形，如图 2-16 所示，广宇发展在 7.17 元/股附近筑底，逐步形成了 5 浪的上升直角三角形。低点越来越高，这表明多头的力量在增强。此后，股价向上突破，收盘价在上边界水平线之上，这就确认了做多买入的机会。当然炒家也可以将进场规则制定得更加复杂，这样就可以过滤一些虚假进场机会。不过，在单纯的西方技术形态分析中往往将突破当做是进场（或者是出场）的唯一信号。

再来介绍一下上升趋势中段的直角三角形，如图 2-17 所示，东方电子从3.8 元/股的低位逐步上攻，上升过程中出现了上升直角三角形（注意：三角形内部都是 5 浪，必须要有这个结构，否则往往是其他形态，如三角旗形等）。三角形形成 5 浪之后向上快速突破，最终在 7.25 元/股附近形成双顶。这个上升直角三角形处于上升趋势中，属于上升中继形态。当然，炒家还可以通过其他特征，如技术指标和成交量，以及 K 线来帮助识别、操作上升三角形。其中震荡指标可以帮助炒家把握三角形内部走势节奏，甚至可以帮助炒家在三角形内部介入，

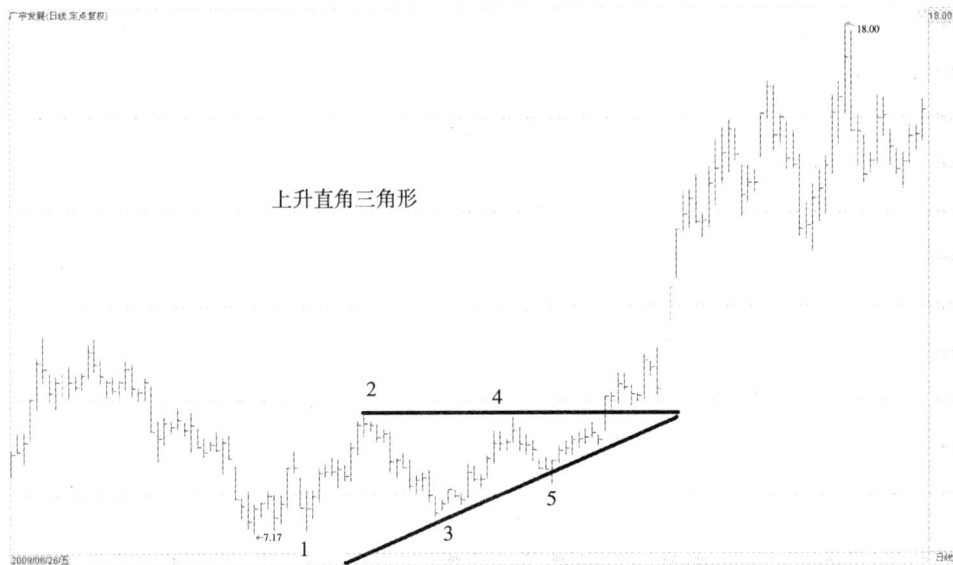

图 2-16　底部的上升直角三角形

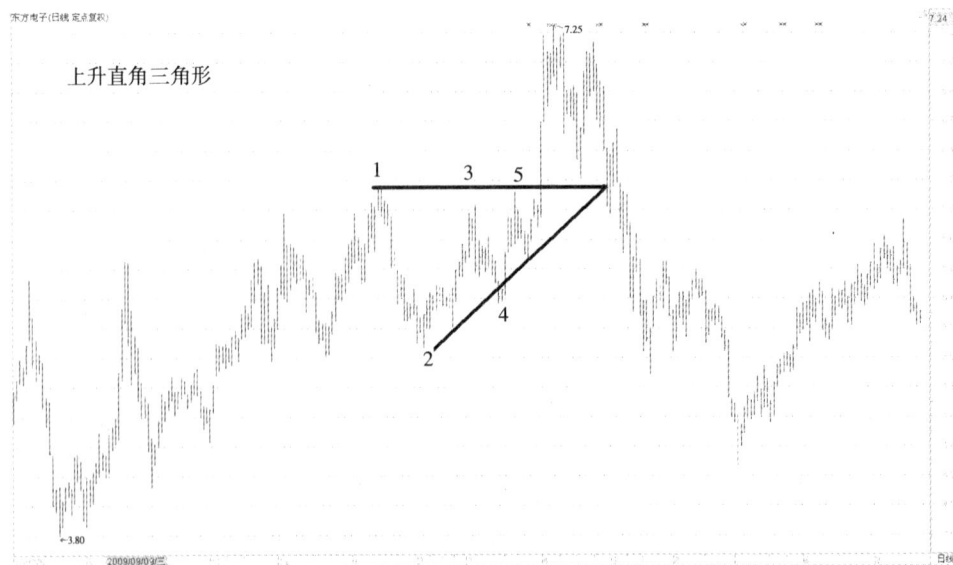

图 2-17　中继上升直角三角形

同时当股价向上突破时，趋势指标一般会同时发出信号；成交量可以帮助炒家确认三角形的形成，因为这时成交量呈现缩小状态，当三角形向上突破时，成交量则会放大；K线在三角形形成中表明边界所在，当向上突破发生时，有效的突破往往伴随实体线，而不是影线。

直角三角形也可能出现在顶部，此时的成交量特征与上涨类型存在差别，成交量较大，而股价并没能创出新高，多头在用尽全力后仍旧无法取得突破，只能选择掉头向下，这就是顶部直角三角形的基本特征。如图2-18所示，金马集团股价从10.05元/股快速上涨，在16.66元/股附近开始整理，形成了直角三角形，整体而言，这个整理的5浪结构很明显，所以从整体看是一个直角上升三角形。此处的"上升"二字并不断定其看涨形态，而是说三角形的下边向上倾斜，低点抬高，高点不变。最终，金马集团选择向下突破，上涨趋势结束。

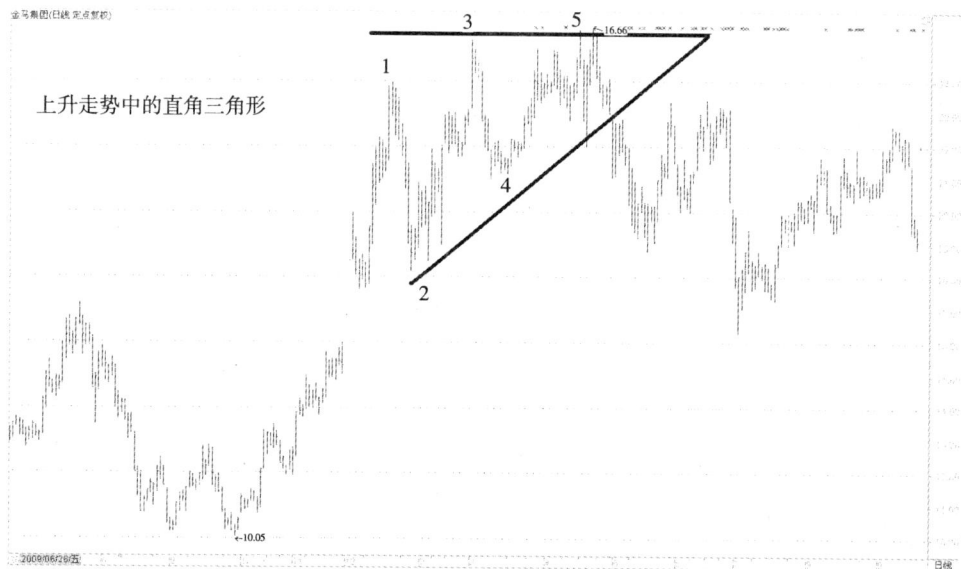

图2-18　顶部的上升直角三角形

上升直角三角形的受重视程度远远高于下降直角三角形，因为上升三角形更多地与买入信号有关，而下降三角形则更多地与卖出信号有关。绝大多数炒家都很关注怎样买入，而不是关注如何恰当地卖出。其实，真正的炒家必须是一个出色的卖家，而不仅仅是一个出色的买家。由此看来，关注如何卖出，关注下降三角形也是非常重要的方面。

第七节 下降直角三角形

下降直角三角形与上升直角三角形是相对的，下降三角形的上边界向下，下边界维持水平状态。高点越来越低，低点却维持不变，这是典型的多头衰弱的迹象，所以下降直角三角形出现之后股价一般是向下运行的，但也有例外。谨慎的炒家必须根据市场选择的最终突破方向来确定买卖方向。

下降直角三角形一般位于顶部和下降趋势中段，但有时也会出现在上升趋势中，这时候往往容易成为艾略特波浪理论中的第4浪。首先来介绍位于顶部的下降直角三角形，如图2-19所示，陕国投A在14元/股附近开始出现高点逐

图 2-19 顶部的下降直角三角形

渐降低的态势，此前高点和低点都是逐步抬高的，而现在高点降低，低点保持不变，这表明多头继续推高行情的能力不足。该顶部是一个典型的下降直角三角形：内部存在 5 浪，上边朝向右下，下边呈现水平状态。陕国投 A 在形成了下降直角三角形之后，股价快速下挫，一根大阴线表明了此直角三角形被有效向下突破，此时炒家应该快速清空仓位。

　　下降直角三角形容易成为第 4 浪，无论是在下降走势中，还是在上升走势中，情况都很相似。先来介绍下跌走势中的下降直角三角形，如图 2-20 所示，东北制药从 29 元/股的高位逐步下跌，在最后一波下跌展开之前先进行了一次下降直角三角形调整。三角形内部构造的 5 浪齐备，上边倾斜向下，下边保持水平。此后股价跌破了下降直角三角形的下边，一直跌到 13.49 元/股才止跌，之后出现域内日，也就是后一个交易日在前一日交易范围之内。西方技术分析的域内日与 K 线中的母子形态有共同之处，但是两者的差别还是很明显的：域内日不关心开盘价和收盘价，它关心的是最高价和最低价，而母子形态则关心开盘价和收盘价，对最高价和最低价则不关心。

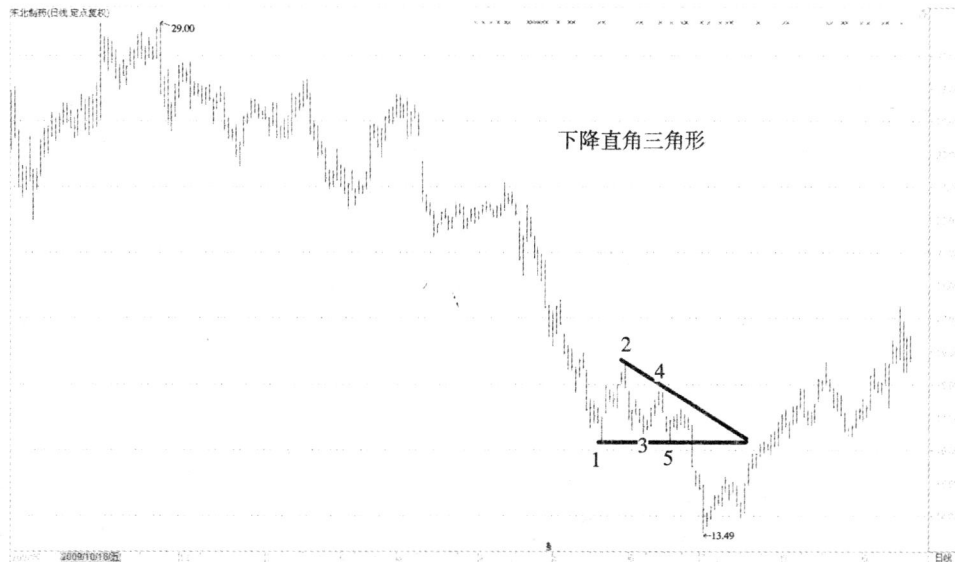

图 2-20　中继的下降直角三角形

　　下降直角三角形有时候可能出现在上升走势的中段，这时预料中的下跌并没有发生，股价选择向上突破，既而创出新高，这时的下降直角三角形反而可能充当上升走势中的第 4 浪。如图 2-21 所示，皖能电力的股价从 4.08 元/股低位开始逐步上扬，高点越来越高，低点也越来越高，这是典型的上涨趋势，上升趋势通道就是根据高低点逐渐抬升的特点发明出来的。当皖能电力上涨到 9 元/股整数关口后出现了较大幅度的回调，同时调整的时间很长。按照艾略特波浪理论，如果尚不知道目前处在哪一浪，那么很有可能处在第 4 浪。因为第 4 浪往往是调整时间最长的，而且走势的高低点不太规则。皖能电力这段调整走势的内部是 5 浪，这点符合三角形的要求。而且浪的幅度逐渐较小，呈现收缩状态，高点越来越低，低点却保持不变，这就是典型的直角三角形走势。三角形形成之后，股价开始接近上边界，最终向上突破。股价在形成 5 浪之后，并没有向下突破，而是稍微回调后继续上攻，突破了此直角三角形的上边界。股价最高上涨到了 10.27 元/股的高点，此后才展开回调。从 10.27 元/股展开的下跌走势到此直角三角形区域又获得支撑，因为这是一个成交密集区域，另外艾略特波浪理论也认为 5 浪上冲完成后，股价初步下跌会在第 4 浪获得支撑。

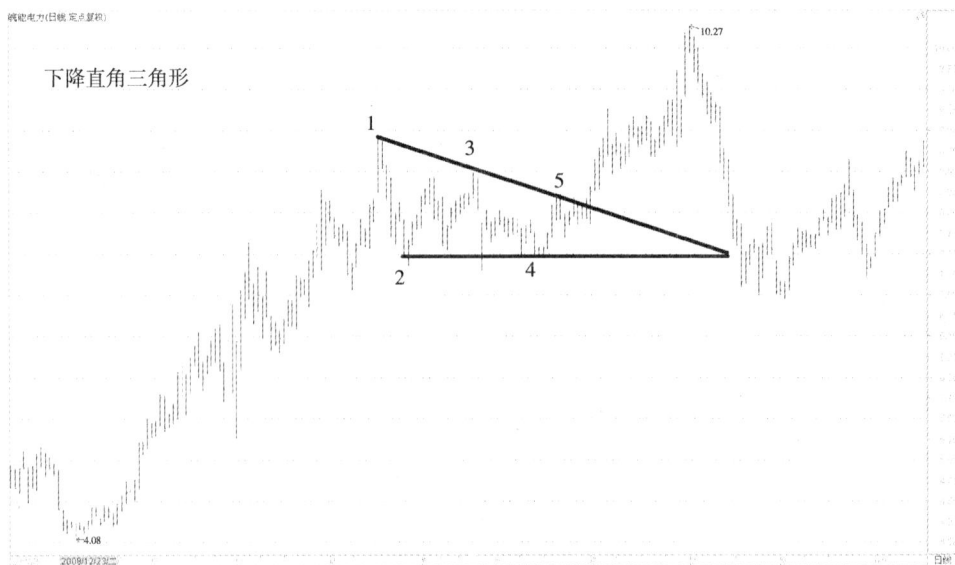

图 2-21　上升走势中的下降直角三角形

无论是对称三角形还是直角三角形一般被认为是水平三角，与楔形代表的（倾斜三角）应该加以区别，因为水平三角一般倾向于与此前走势同向，而楔形三角一般与此前走势反向。

第八节 三角形的度量规则

如何使用三角形度量目标呢？在本小节中我们就来解决这个问题。一般西方技术形态分析的度量规则都比较简单，就是 1~3 倍规则，也就是以形态高度的 1~3 倍为利润目标。但在实际炒股过程中，仅仅运用这些规则肯定是不够的，所以需要采用一些新的度量辅助手段，如菲波纳奇分析、螺旋历法等。当然，我们这里会介绍如何将 K 线引入到三角形的度量中。

三角形度量主要涉及对称三角形度量、直角三角形度量，我们介绍的重点是度量方法而不是形态本身，因为这里的度量方法几乎通用于所有的西方技术形态，除了缺口和反转日这类微观形态。对称三角形的高度一般从浪 1 终点和

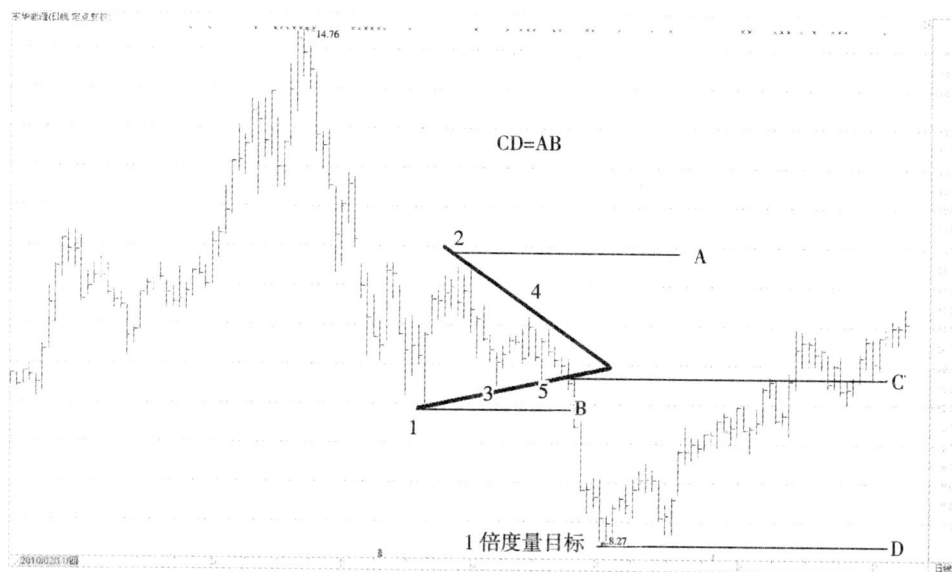

图 2-22　对称三角形的 1 倍度量

浪2终点引出水平线得出，两条水平线的垂直距离就是对称三角形高度，而这个高度是传统度量模型中的单位长度。如图2-22所示，东华能源在下跌走势中形成了一个对称三角形，2浪高点对应水平线A，1浪低点对应水平线B。向下跌破点对应水平线C。AB间距离为单位1，以C为起点，取单位1，可以得到1倍度量目标，对应水平线D。东华能源此后果然跌至这一度量目标反转，当然这是一种比较典型的度量反转实例，股价也可能在2倍度量或者3倍度量目标处反转。那么如何进行筛选呢？可以借助K线的筛选。当股价跌到某一度量目标时如果出现反转K线，表明这个度量目标可能真的有效，这时候可以选择买入，等待市场反转。

我们再来分析一个2倍度量的实例，如图2-23所示，水晶光电从6.3元/股开始上涨的过程中出现了对称三角形，2浪低点对应水平线A，1浪高点对应水平线B，AB距离就是对称三角形的高度。突破点对应水平线C，以此为起点，画出1倍度量目标和2倍度量目标，此后股价果然在2倍度量目标附近反转。一般而言，这些度量规则容易对流通量较大的股票产生作用，因为群体行为较为显著。

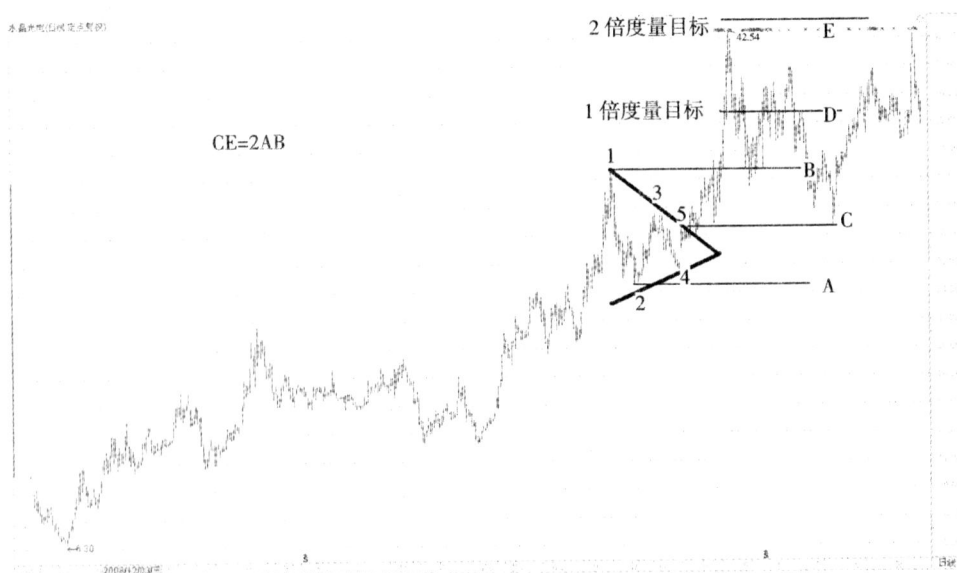

图2-23 对称三角形的2倍度量

　　除了对称三角形之外，直角三角形也采用相同的度量方法，只是在形态高度度量方面更为简单。如图 2-24 所示，天润曲轴从 23.23 元/股高点快速下跌，在 19 元/股附近震荡，形成上升直角三角形，此后股价向下突破，那么下行目标怎么计算得出呢？首先找出形态高度，即 AB 之间垂直距离，然后减去跌破点水平位，就得到了度量目标。股价此后运行到 1 倍度量目标处出现反转 K 线形态——锤头，这就确认了此处的度量目标有效，股价转而上涨的几率很大，这时候可以轻仓买入待涨。

　　传统的 1~3 倍度量方法可以用来先行估算一些可能的行情反转点，然后等待股价运行到这些反转点时，观察其股价形态表现，具体是观察 K 线形态（以及西方技术形态分析中的反转日等）。如果出现反转形态，则表明这个度量目标有效。

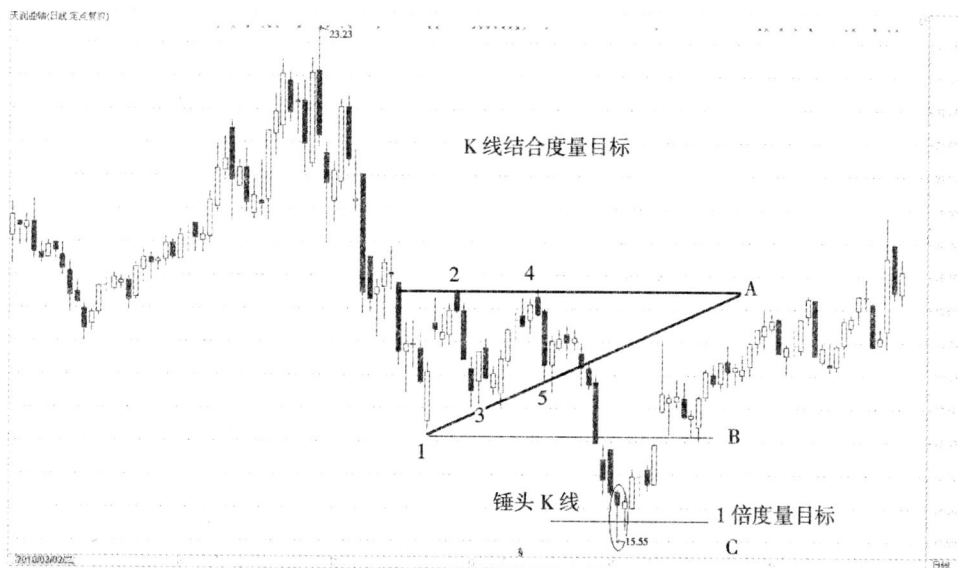

图 2-24　上升直角三角形的 1 倍度量

星期三 经典形态策略基础（3）：
矩形和峰态

第一节 矩 形

矩形可以由前面几种形态演化而成，也就是说前面几种形态失败之后可能演化成矩形，矩形是一个中继形态，但也可能是一个反转形态，关键取决于股价最后的突破方向。

矩形在股价走势中出现得很普遍，几乎在每一种时间框架下都经常出现，很多炒家都钟爱这一形态，因为矩形突破是比较可靠的操作信号。在上升走势中，矩形向上突破往往是比较好的买点，以至于不少证券交易类书籍都以这类买点为主要研究对象，很多交易系统也都基于这个信号进行操作。矩形存在规模的区别，有小矩形，相当于数日的横盘整理走势；有大矩形，相当于底部长期的蓄势走势，下面我们就来一一介绍。

较小规模的矩形一般出现在上涨走势中，如图 3-1 所示，辉煌科技处于一波持续时间较长的上涨走势中，在上涨的早期阶段出现了矩形。这个矩形规模较小，但是还算不上最小规模的矩形，有些矩形可能只有几天的规模。这个矩形可以被看成是空中双底，但是并不准确，也可以看成是失败的双顶。矩形的上边界由最高点来定义，下边界由最低点来定义，最标准的形态是上边界由两个相同的最高点定义，下边界由两个相同的最低点定义。辉煌科技的这个矩形最终被向上突破，收盘价高于上边界，这是一个显著的有效突破信号，与此前介绍的三角形有效突破信号类似。当然，炒家也可以根据矩形被突破时的成交量变化来识别，有适当的放量来配合向上突破是比较可靠的买入信号。另外，矩形也是比较容易设置止损卖出点的形态，一般设定在矩形中线靠下一点，如果仓位比较轻可以设定在矩形下边界以下。

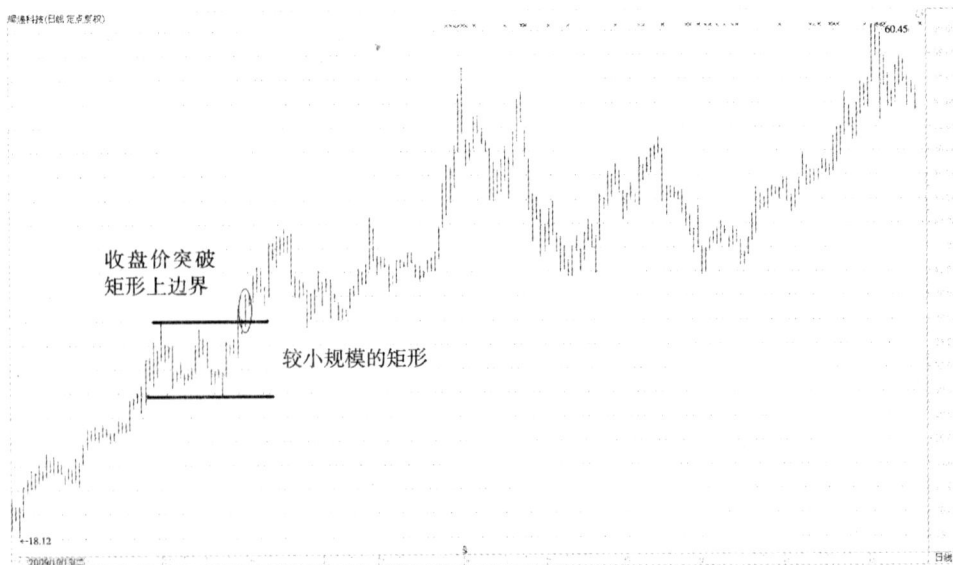

图 3-1　较小规模的矩形

中等规模的矩形一般容易出现在底部向上的位置，或者是接近顶部的位置。如图 3-2 所示，信立泰从 34.94 元/股的低位开始爬升，没有太多的上涨就开始进入长期的横盘整理走势。通常情况下，成交量在矩形区域是萎缩的，如果有主力吸货则可以看到有节奏的放量。最终，股价向上突破此矩形的上边界，收盘在上边界之上，确认突破有效，此后股价一路高歌猛进，一直上涨到百元大关。股市中有一种说法是"横有多长，竖有多高"，其中"横"讲的就是矩形，"高"讲的就是矩形被突破后的上涨幅度。由此可见，矩形相关的潜在利润是非常丰厚的，关注那些刚刚被突破的中等以上规模的矩形，这才是炒股者的王道之一。

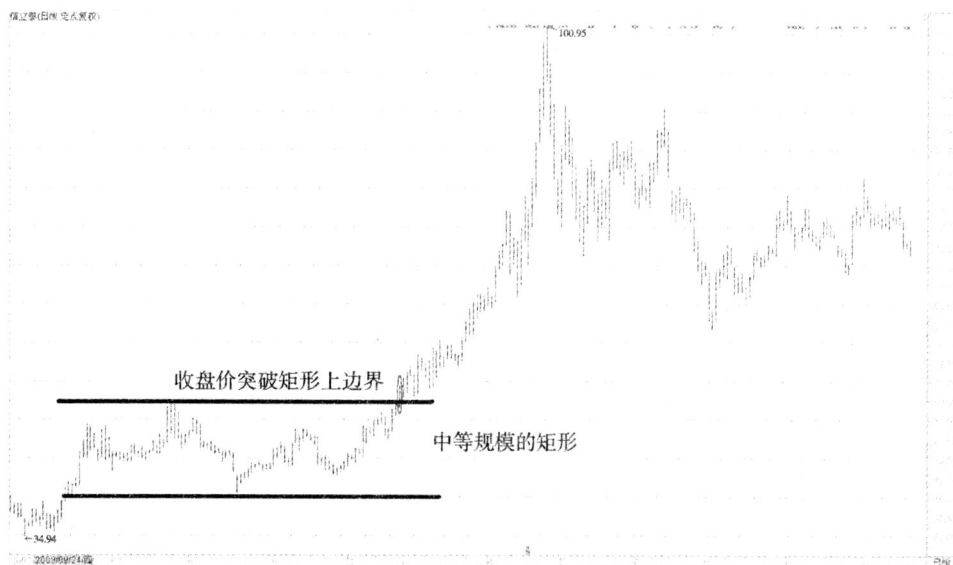

图 3-2 中等规模的矩形

较大规模的矩形出现在股价走势的底部，在期货走势中也经常见到，这类矩形一旦被突破就是大牛市。如图 3-3 所示，桂东电力在 4 元/股附近出现了一段持续很长时间的横盘整理走势，这表明此时资金并没有大量流入这只股票，或许还处在被休眠状态，主力也可能在其中慢慢建仓。较大规模的矩形被突破时不要急于介入，等待股价走稳一段时间后再介入，或者等待股价回落至矩形上边界处获得支撑再介入。在本例中，桂东电力向上突破矩形之后，股价快速冲高一段，然后回落至矩形上边界处，这时股价重启升势，这是比较好的买入时机。

矩形是西方技术形态分析中最为简单的形态，但却可以称得上"性价比"最高的形态，单单是把这个形态作为分析对象，就可以获得很多利润丰厚的操作机会，像杰克·茨威格这类技术大师就非常推崇矩形的使用。

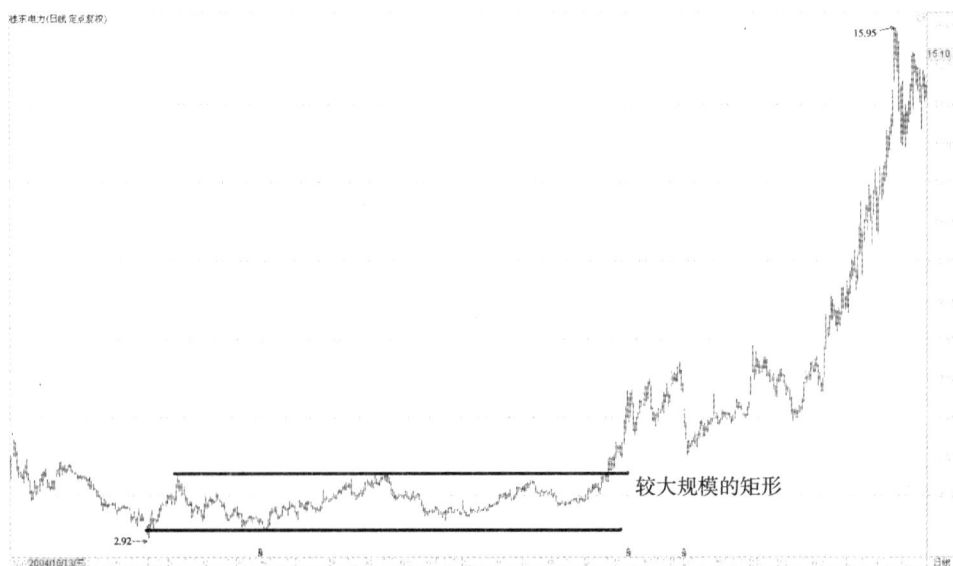

图 3-3　较大规模的矩形

第二节 矩形的内部结构

上一节我们对矩形进行了较为宽泛和粗浅的介绍，在本小节中我们将着重介绍矩形的内部结构，研究矩形这个看似简单的形态究竟是由哪些基本单位构成的。通过本小节的介绍，炒家可以发现原来矩形是一种化繁为简的分析方式，如果不利用矩形进行分析，那么很多行情的形态分析将变得异常复杂，这就极大地降低了形态分析的可靠性和便捷性。

我们准备从三个角度来分析矩形的内部结构：第一个角度涉及我们所说的"化繁为简"，即矩形其实是由很多其他技术形态复合而成的；第二个角度涉及矩形内部的成交量情况；第三个角度涉及矩形边界的 K 线表现，从这个角度可以帮助我们通过 K 线确认矩形边界，以及通过矩形边界来观察股价表现，从而分析股价倾向于在边界处反转还是突破。

我们先来讨论第一个角度的问题，如图 3-4 所示，矩形内部一般都是由双底（双顶）、三重顶（三重底）、头肩顶（头肩底）、三角形等构成，在亚星化学

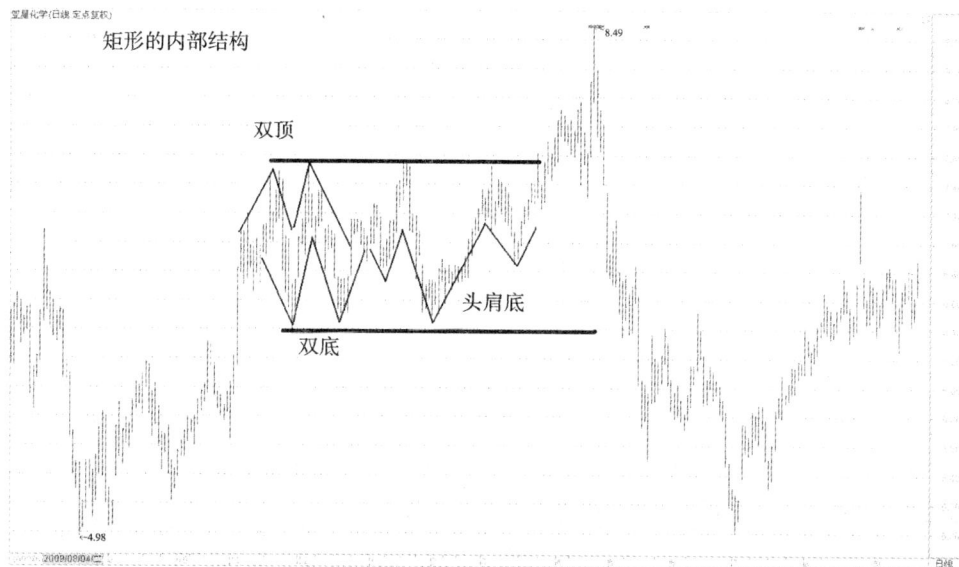

图 3-4 矩形的内部结构

走势中出现的矩形是由双顶、双底和头肩底等形态叠加构成的，类似于艾略特波浪理论的联合调整。如果炒家遇到这么多形态叠加，可能会出现思维混乱，但是如果仅仅把它们看成是矩形的一部分，则很多问题解决起来就容易得多了。有一种极端的技术形态分析思维，就是将一切形态都简化为"矩形"，现在流行的水平支撑、阻力分析法以及"箱体理论"其实就是矩形分析思维的泛化。

矩形的成交量结构与其他类型的调整形态（包括反转和中继两种类型）的成交量结构相似，一般都伴随着成交量缩小。如图3-5所示，亚星化学在5元/股附近获得支撑，股价一路上涨，在7元/股附近出现横盘整理，此后股价呈现矩形整理形态。在这个整理过程中，成交量是萎缩的，这表明交投兴趣降低，但是股价并没有出现明显回落，结合成交量来看，卖盘很少。只要股价不向下破位，成交量很难显著放出，若股价向上突破且成交量出现放量，则是买入时机。不过，有些小盘股如果向上突破时的成交量过大则会容易造成突破失败。

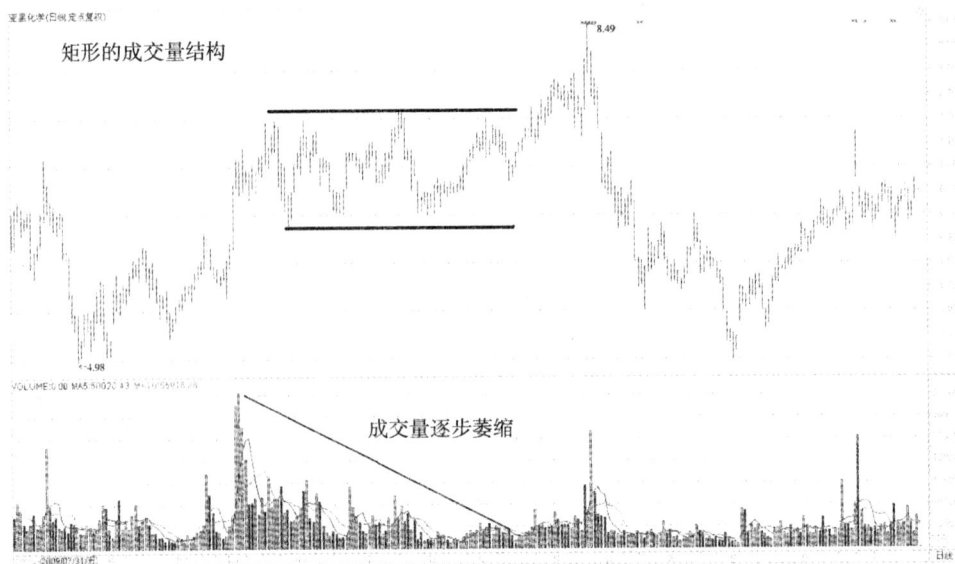

图3-5　矩形的成交量结构

　　对于矩形内部的中观结构和成交量结构我们都做了较为详细的介绍，现在有必要进一步介绍矩形内部的微观结构。如图 3-6 所示，微观结构主要是指 K 线在矩形内部的表现，当股价运行到矩形上边界时容易出现看跌反转 K 线，当股价运行到矩形下边界时容易出现看涨反转 K 线。华发股份股价在 12 元/股到 10 元/股之间盘整，当股价运行到上边界时出现看跌反转 K 线，如流星形态，这能帮助炒家在矩形还未成形时就确认了矩形的上边界。当股价运行到下边界时出现了看涨反转 K 线，如大阳线和倒锤头等，这能帮助炒家在矩形还未完成之前就能够确认矩形的下边界。据此可以在矩形还未发生突破前就介入，高抛低吸，也可以在向上突破前先行介入。例如，如果炒家预判矩形最终会向上突破，则可以在股价跌到下边界且出现看涨反转 K 线可以时买入；当股价出现在上边界附近，且以中阳线或者大阳线向上突破，则可以确认边界阻力失效，进一步上涨的空间很大。

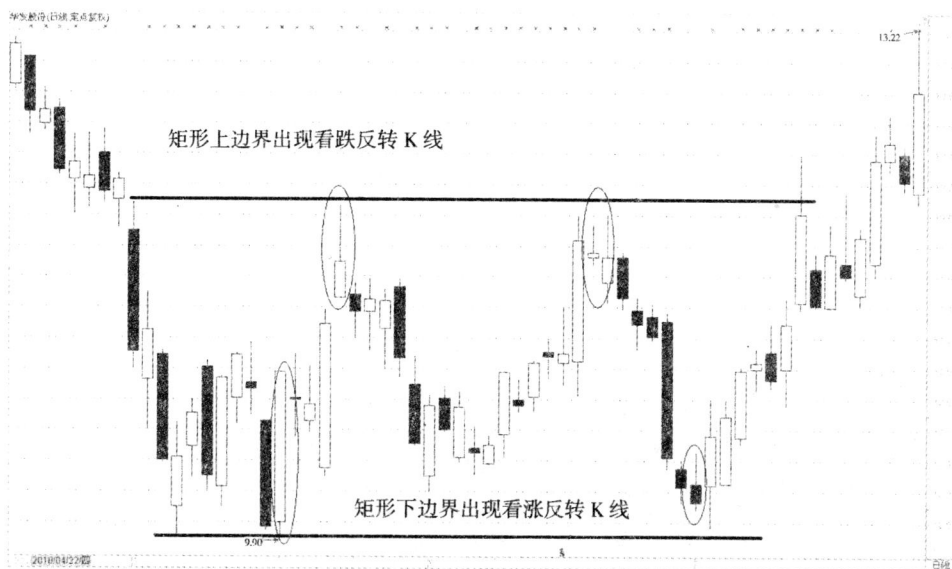

图 3-6　矩形的 K 线结构

第三节 矩形的交易要点

在本小节中我们将详细介绍矩形的交易要点，包括进场、利润目标和止损卖出点等相关问题。

绝大多数炒家都将注意力放在进场点上，对于出场点基本没有考虑，他们认为只要买入上涨的股票，就能带来利润，其实这是误解。出场点涉及风险和利润的比率问题。出场点与进场点一样重要，所以大家应该等量齐观。如图 3-7 所示，矩形交易的买入点一般是在股价向上突破矩形上边界时，这个突破的有效性有赖于一些附加条件，如收盘价高于上边界。炒家买入股票后，如果矩形高度较低，则可以将止损卖出点设在矩形下边界。如何计算利润目标呢？一般的方法是矩形高度的 1~3 倍，但是我们一般不这样计算。矩形往往处于两段上涨走势的中间，而两段走势往往等长，或者第二段走势是第一段的两倍。旭光股份从 A 到 B 是第一段上涨，定义为单位 1。第二段走势是从 C 点开始向上，1

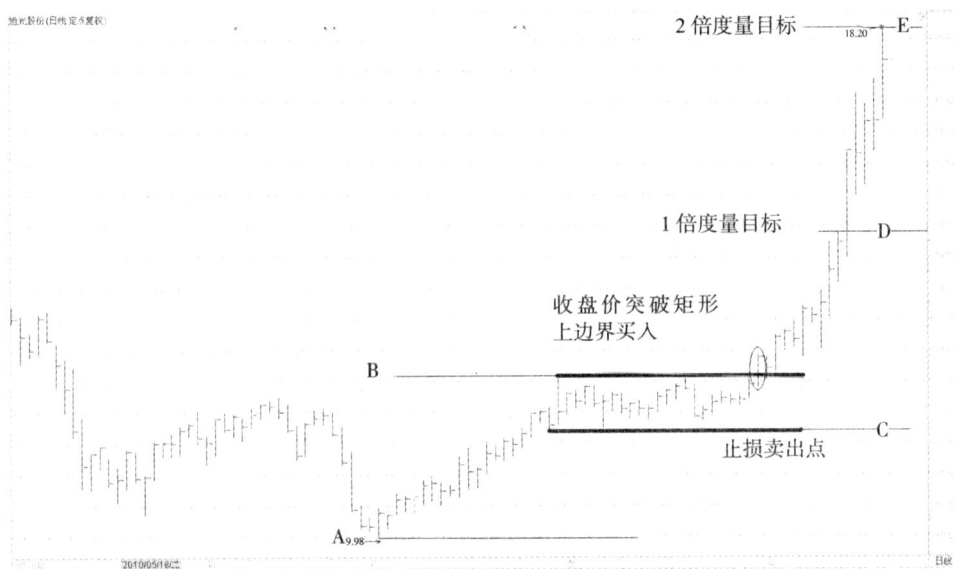

图 3-7 矩形的度量目标

倍于 AB 的度量目标是 D，2 倍于 AB 的度量目标是 E，股价果然在上攻到 E 水平之后停滞。当然，利润目标的确认往往还是要借助于 K 线的配合，否则很容易武断的错误操作，要么过早兑现利润，错失主升浪，要么错过最佳出场时机，转盈为亏。

　　除了在股价预期上涨后顺利卖出股票之外，还存在一个可能：股价向下跌破矩形，在这种情况下什么时候卖出股票呢？如图 3-8 所示，国阳新能从 11.97 元/股的低位逐步上涨，在 16 元/股附近出现了横盘整理的矩形，如果炒家在矩形底部附近买入了该股，那么止损就应该设定在下边界，或者等待股价有效跌破此矩形。最终，国阳新能跌破了矩形下边界，收盘价在下边界之下，这是股价有效跌破的表现。股价有效跌破时成交量一般不会放得很大，如果成交量很大反而有可能是有炒家在底部兜货，此后股价很可能上涨。

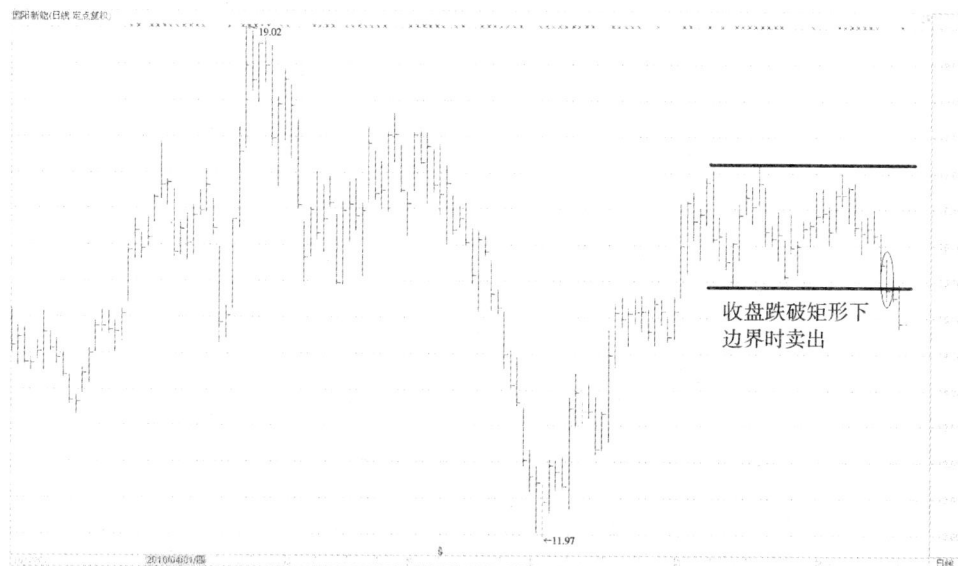

收盘跌破矩形下边界时卖出

图 3-8　矩形突破卖出信号

那么，如何区分股价向上突破的真假呢？这个问题是绝大多数炒家遇到的最实际问题。向上突破的有效性可以通过特征加以界定，成交量在真正的区间突破中只能过滤一小部分虚假信号，甚至面对主力高度控盘的个股会判断失误。真正有效的突破信号应该通过股价形态本身加以识别，可以查看收盘价或者 K 线形态，我们主要以收盘价为准进行判别。如图 3-9 所示，华联综超在底部区域形成了矩形，形成边界之后，股价在 A、B、C 之处都出现了突破。其中 A 和 C 是向上突破，而 B 则是向下突破。但是，只有 C 是真正的有效突破。因为 A 和 B 的收盘价都没有满足要求，A 点向上突破，但是收盘价却在上边界之下；B 点向下突破，但是收盘价却在上边界之上；C 点向上突破，收盘价在上边界之上，之后股价果然一路上涨。

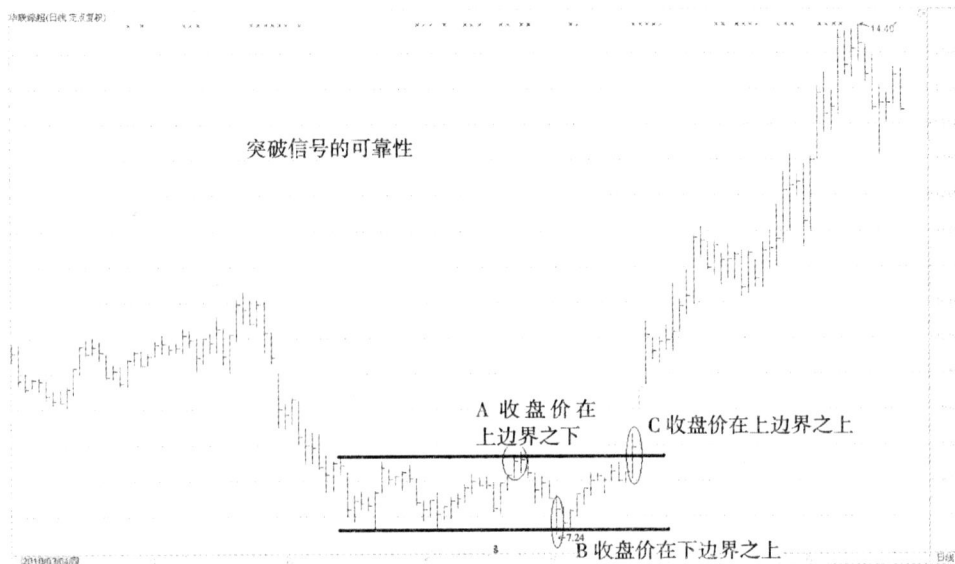

突破信号的可靠性

A 收盘价在上边界之下

C 收盘价在上边界之上

B 收盘价在下边界之上

图 3-9　矩形突破的可靠性

　　矩形是西方技术形态分析实用主义的高峰代表，艾略特波浪理论虽然精巧，却不十分实用，而且难逃主观主义的窠臼。其他类型的反转形态和中继形态都可以透过矩形加以把握，矩形也为交易者提供了进场和出场的参考框架，这些都是很可靠的，关键之处在于矩形很简单。

第四节　峰　顶

　　峰顶形态主要包括了双顶和三重顶，这两种反转形态很受重视，但是在市场中出现的双顶比三重顶更多，所以我们的重点应该放在双顶。如图 3-10 所示，驰宏锌锗从临近高点下跌后止跌，回升至 29.5 元/股附近形成双顶，这表明股价受到了前期顶部的影响，此处抛压很重。两顶之间的谷底定义了颈线，按照传统的技术分析思想，股价跌破颈线时就应该卖出股票。另外一种传统技术分析思想则等待回撤颈线才卖出股票，但很多时候股价根本没有回撤就展开正式的跌势了，本例中就是如此。按照此前的矩形模型来看，双顶其实也可以归

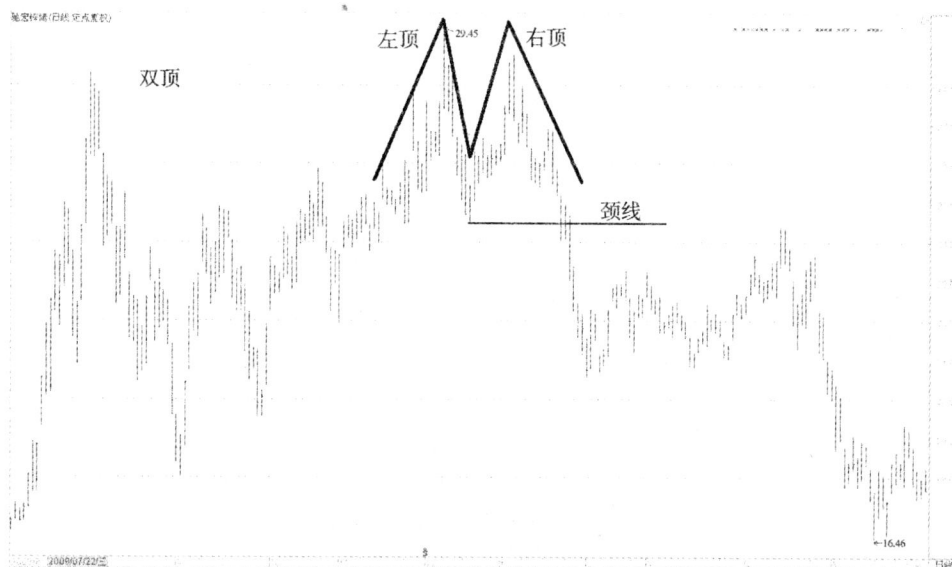

图 3-10　双顶结构

入矩形的行列，左顶和谷底定义了矩形的上边界和下边界。颈线其实就是矩形的下边界，当下边界被有效跌破时，卖出信号就被触发了。双顶一般与顶部量能背离结合在一起，常见的有右顶的成交量低于左顶的成交量，或者是右顶对应的 MACD 线低于左顶对应的 MACD 线。

双顶出现后，如果股价下跌，则目标位置在什么地方呢？将双顶的高度作为单位 1，从颈线向下度量，取 1~3 个单位的距离作为度量目标。如图 3-11 所示，航天晨光在 13.78 元/股附近形成了小双顶，颈线为 B，双顶相应水平线为 A，AB 的垂直距离为单位 1。以 B 点为起点，若得到 1 倍度量目标，则对应水平线 C；若得到 2 倍度量目标，则对应水平线 D。股价最终在 2 倍度量目标处反转，可以看到这里出现了锤头（下影线很长）和早晨之星。在度量双顶目标时，我们会预先画出 3 个度量目标，分别是 1 倍度量目标、2 倍度量目标和 3 倍度量目标，那么如何知道股价会在哪个目标位置处出现反转呢？当股价在当前运行所在的度量目标处出现反转特征时（反转日或者是反转 K 线形态），就可以确认现价所在处的度量目标有效。

图 3-11 双顶的度量目标

　　上述介绍的双顶是左顶和右顶处于同一水平的标准双顶，其实除了这种双顶之外，还存在其他类型的双顶，比较典型的有高低双顶和低高双顶，下面我们先来介绍高低双顶。如图 3-12 所示，国药股份在 29.18 元/股附近形成了左顶，随后股价回落并再度上涨形成了右顶，右顶稍低于左顶的高度，这表明多头力量逐渐衰弱。左顶和右顶之间的谷底定义为颈线，按照传统技术分析思维，当股价跌破此颈线时就应该卖出股票，因为向下趋势已经确立。

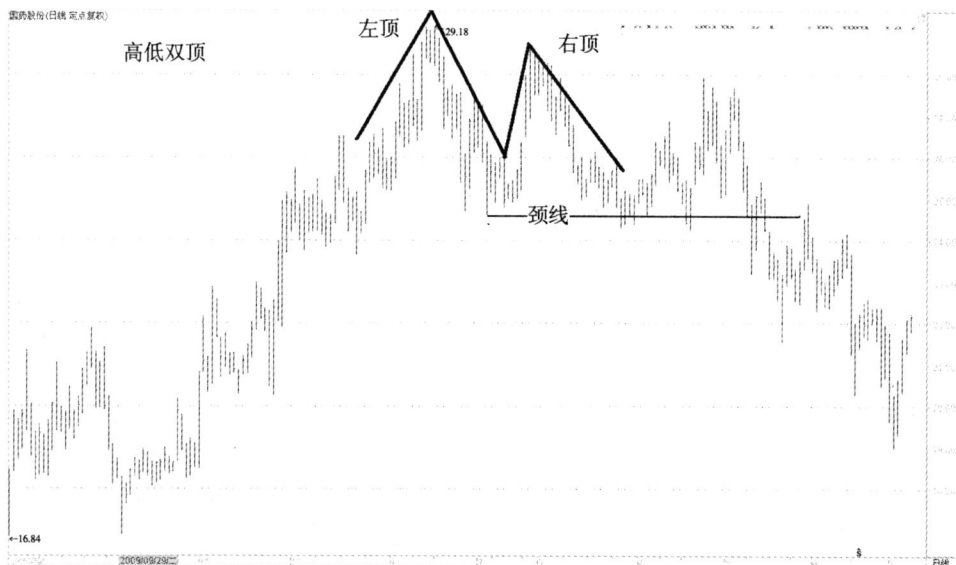

图 3-12　高低双顶结构

　　我们再来介绍如何计算高低双顶的度量目标，如图 3-13 所示，华海药业形成了高低双顶，高顶对应水平线 A，高低顶之间的谷底对应流动颈线 B，A 和 B 之间的距离为单位 1。以颈线 B 为起点，向下度量 1~3 倍，获得 3 个目标位置，从图中可以看到华海药业并没有在任何 1 个目标位置处反转，而是在 1~2 倍之间的位置反转。

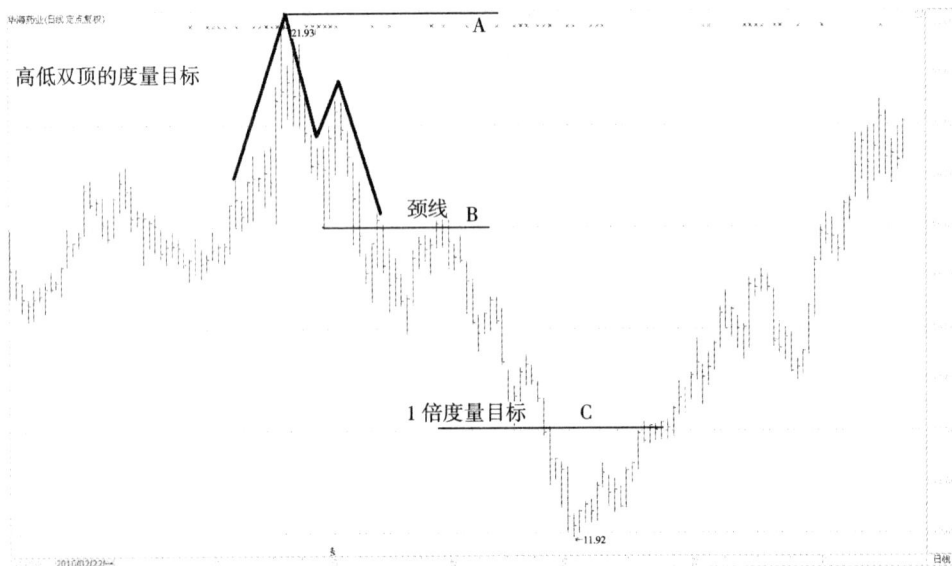

高低双顶的度量目标

颈线　B

1 倍度量目标　　C

图 3-13　高低双顶的度量目标

　　高低双顶反映了多方力量的衰竭，而低高双顶则与"多头陷阱"关系密切，也就是所谓的"2B顶"。如图3-14所示，*ST筑信先后形成了左顶和右顶，左顶稍低于右顶。其实，当左顶形成后股价先是回落，然后创出新高，当股价向上突破左顶时，好像出现一个买入的机会和一个多头信号，但是很快股价就回落至左顶之下，此前的多头信号其实是一个虚假信号，即"多头陷阱"。如果可以做空，则"多头陷阱"往往是做空的良机，做空信号在股价重新回到左顶之下时发出。低高双顶的下跌目标度量与此前介绍的那两种双顶的度量方法相同，这里就不再赘述了。

图3-14　低高双顶结构

73

峰顶除了双顶之外，还存在三重顶，如图 3-15 所示，黑牡丹在 14.5 元/股附近出现了整理形态，可以看到在此处三个顶部出现，当然也可以从矩形的角度来看待三重顶部。左顶和中顶之间存在一个谷底，而中顶和右顶之间存在一个谷底，选择较低的谷底作为颈线。当股价向下有效突破这根颈线时，传统的卖出信号就发出了。三重顶部的中顶如果略高一些就成了头肩顶，也可能形成低高双顶和高低双顶。三重顶在江恩理论中被认为是最多顶数的反转形态，因为股价第四次来到顶部附近时向上的突破就很可能发生，所以四重顶部基本不可能存在。但是，如果从矩形的角度去看待这个问题，则不会那么绝对。

图 3-15 三重顶结构

第五节　峰　底

　　峰底是与峰顶对应的形态，峰底存在双底和三重底两种类型，其中双底是比较典型的阶段性底部形态，因为绝对性的底部可能以较大规模矩形为主。双底又分为普通双底和特别类型，特别类型分为高低双底和低高双底两种。

　　技术分析书籍中的双底一般是左底和右底处于同一水平位置，如图 3-16 所示，西南证券从高位逐步下跌，跌到 12 元/股附近形成了双底，两底之间的峰顶与颈线相对。一般而言，两个底部附近会出现看涨反转 K 线或者反转日形态，这点炒家可以留意一下。激进的交易者甚至不用等到右底完全形成就可以买入股票。当股价跌至前期左底水平价格附近时，可以观察价格是否受到此前左底的支撑，如果出现了看涨反转 K 线（或者反转日）就可以买入股票，这样基本上可以买在最低点附近。双底一般结合量能底部背离一同出现，具体而言：右底对应的 MACD 线高于左底对应的 MACD 线，这表明虽然股价维持在低位不

图 3-16　双底结构

变，但是 MACD 线代表的能量却掉头向上，下跌动能衰竭，股价转而上涨的可能性增加。

传统技术分析思路下的操作策略是在股价向上突破颈线时买入股票，这时候就需要学会如何确认向上突破的有效性，其方法主要是成交量方法、收盘价方法和 K 线方法等，大家可以参考本书其他部分的介绍。

当炒家介入双底之后，就需要考虑应该在什么位置退出，如图 3-17 所示，退出应该兼顾原则和时效，不能随意地决定退出点，也不能毫无根据地预定出场点。有效的方法就是预先确定几个潜在退出点，然后根据市价表现决定哪一个退出点是有效的。华胜天成在形成双底之后，股价向上突破颈线。双底的高度由底部到颈线的距离确定，设定为单位 1。以颈线作为起点，进行度量，分别得到 1 倍度量目标、2 倍度量目标和 3 倍度量目标。华胜天成出现向上的涨势之后，股价回撤经过颈线，获得支撑后继续上涨，向上跳空突破了 1 倍度量目标，这表明股价突破有效，继续上行动能充足，此后股价上行到 2 倍度量目标，收盘在 2 倍度量目标附近且稍微偏上。股价上涨到 3 倍度量目标处停滞，出现反转迹象，这表明 3 倍度量目标有效，股价此后反转的可能性很大，应该及时退出。

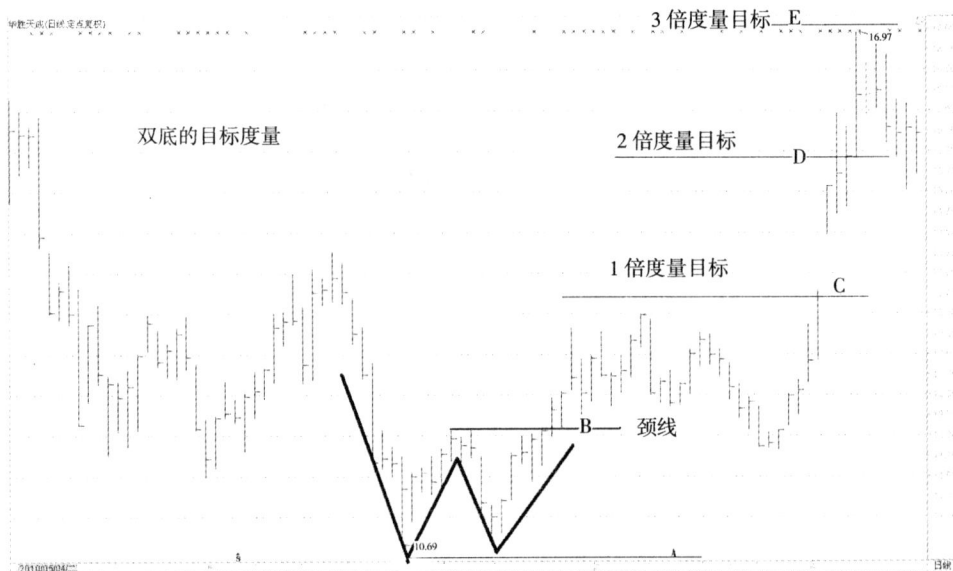

图 3-17　双底的度量目标

　　低高双底属于普通双底的变异形态，如图 3-18 所示，低高双底的左底低于右底，底部抬升走势明显，表明多头力量逐步增强，后市看涨。宁波韵升从一个偏低的位置逐步下跌，在 12 元/股附近形成了低高双底。右底明显高于左底，此后股价向上突破颈线，收盘于颈线之上，这就确认了突破有效，可以跟进买入。从图中可以看到这波涨势的中段是连续向上跳空，股价达到 23.68 元/股后出现双顶。大多数炒家都不重视低高双底这一形态，而是往往寻找标准双底，其实标准双底的可靠性不及低高双底。

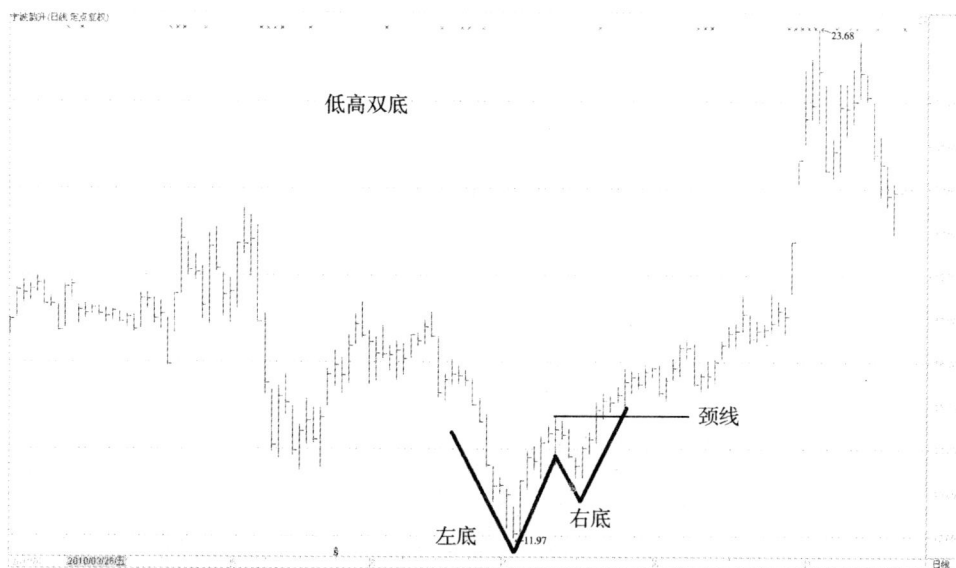

图 3-18　低高双底结构

　　低高双底的操作与普通双底类似，我们这里重点来介绍低高双底的目标度量问题。如图 3-19 所示，小商品城下跌至 17.9 元/股后开始回升，形成峰顶后再度下探，但是股价并没有创出新低，而是转而向上突破峰顶（颈线），并创出新高，这表明多头相对于空头而言，占据了优势。设左底和颈线的垂直距离为单位 1，也就是水平线 A 和水平线 B 之间的高度为单位 1。以颈线 B 为起点进行度量，得到 1 倍度量目标和 2 倍度量目标，股价最终在 2 倍度量目标处反转。其实还可以利用菲波纳奇来度量目标，将左底到颈线之间的距离定义为单位 1，以右底为起点，得到各种倍数的菲波纳奇延伸目标。

图 3-19　低高双底的度量目标

　　除了低高双底之外，还有高低双底。其实，头肩底的左侧是高低双底，右侧是低高双底，但是这两种双底形态比头肩底形态出现频率更高，也更容易操作。如图 3-20 所示，中创信测从 19 元/股整数关口快速下挫，跌至 8 元/股附近形成了高低双底。左底确立了一个支撑点，当股价再度跌到这个低点时，向下突破发生了，但是很快又被拉回到左底之上，这就是形成了一个"空头陷阱"。市场看似向下突破，其实是虚晃一枪，然后向上，这时候恰好是难得的买入机会。左底和右底之间的峰顶是颈线所在的位置，保守的炒家可以等待股价有效向上突破此颈线再买入股票，激进的买家则可以在右底形成过程中买入股票，具体的位置：股价向下跌破左底然后回升至左底最低点之上，这时就可以买入股票。

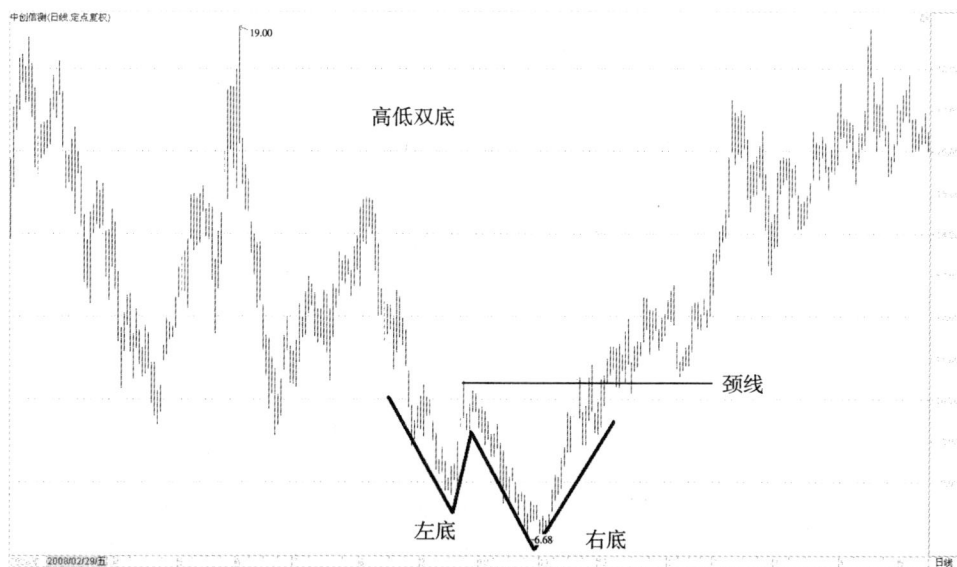

图 3-20　高低双底结构

　　除了双底之外，还有三重底，那么有没有四重底部呢？按照江恩的观点四重底部不太容易形成，因为当股价第四次跌至某个价位时，这个价位通常是很难守住的。下面，我们就来看一个三重底的实例。如图 3-21 所示，龙净环保从38.81 元/股的高位快速下挫，跌至 24 元/股附近出现三重底部。一般而言，三重底部可能出现与 MACD 线相伴的多重底背离。三重底部的颈线又如何确定呢？左底和中底之间存在一个峰顶，中底和右底之间存在一个峰顶，两个峰顶中以较高的那个峰顶为颈线，另外也有些炒家以最近一个峰顶为颈线，即以中底和右底之间的峰顶为颈线。龙净环保形成右底之后，股价快速上冲到颈线附近，然后回调，曲折上扬。

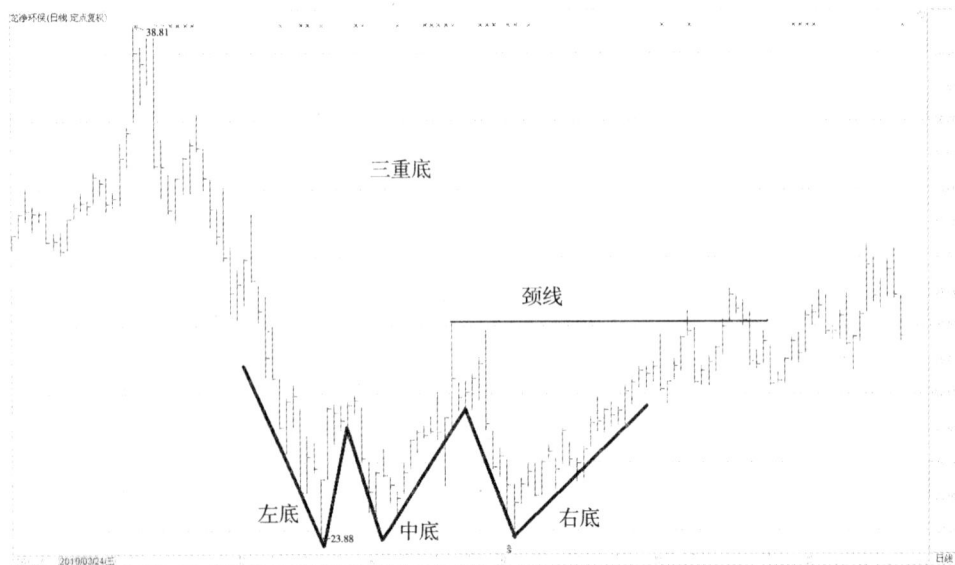

图 3-21　三重底结构

星期四 经典形态策略基础（4）：扇形和楔形

第一节 扇 形

扇形属于发散类形态，与三角形相反，三角形和三角旗形都属于收缩形态，而后面要介绍的钻石形则属于先收缩后发散的形态，矩形在整个行情走势中属于收缩形态，楔形与整个行情对照也属于收缩形态。扇形比较特殊，在形成过程中不太容易识别，更不太容易交易，如果按照传统的突破思路去操作，很容易"两头死"，即无论做多还是做空，都容易被止损。扇形一旦形成即被突破，就比较容易操作，这时候顺势操作即可。那么，什么是扇形的真突破呢？这就需要根据股价所在的位置高度，以及突破的幅度来决定。如果股价处在大幅和较长时间上涨之后，而且向下突破幅度较大，那么就应该向下操作，这时候的扇形叫扇形顶；如果股价处在大幅和较长时间下跌之后，而且向上突破幅度较大，那么就应该向上操作，这时候的扇形叫扇形底。

下面，我们依次介绍扇形顶和扇形底，首先介绍扇形顶。如图 4-1 所示，美达股份在 7.6 元/股附近承担比较重的抛压，之前有数个阶段性顶部在这一线形成，此后在此区域再度形成了扇形顶，这表明多空双方都有突破意愿，但是缺乏突破能力。此后，股价一度冲高到 8.1 元/股附近，然后快速掉头向下，此番下跌幅度和速率之大，在此扇形形成过程中尚未出现，所以应该引起炒家的注意。不久之后，股价大幅跌破扇形下边界，收盘价远远低于下边界，这明显不同于此前的跌破，后市继续下跌的可能性很大。

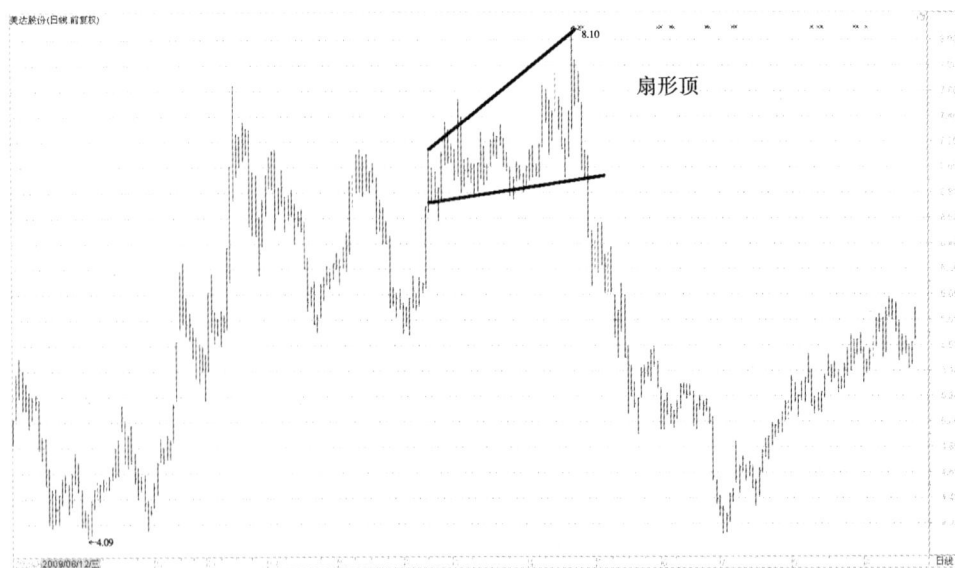

图 4-1　中等扇形顶

图 4-1 所显示的是中等扇形顶，它属于接近水平的扇形，下面我们来介绍斜向扇形顶。如图 4-2 所示，斜上扇形顶与倾斜三角形相对，倾斜三角形属于艾略特波浪理论中的内容，这里就略过不做介绍。北新建材从 11.5 元/股上涨到 18.8 元/股分作两段，第一段上涨到 17 元/股，经过调整，第二段上涨到 18.8 元/股，则形成了一个扇形顶。炒家也可以从头肩顶的角度来剖析第二段上涨，而且，头肩顶比扇形更好处理和操作，绝大多数扇形若从其他角度分析和处理则更容易、更简单。北新建材这个扇形顶属于比较大型的扇形顶，形成的时间在三个月左右。

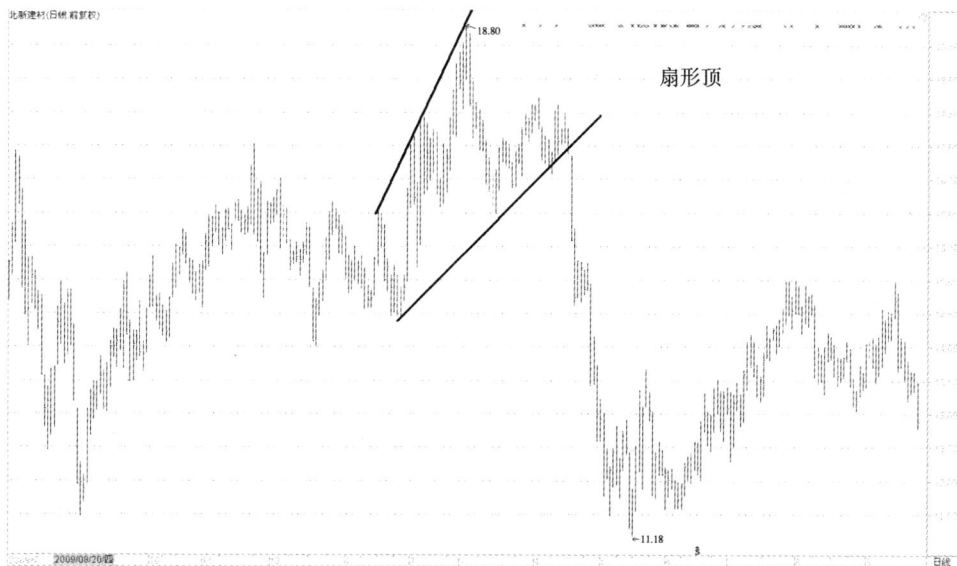

图 4-2　大型扇形顶

　　现在我们介绍一下小型的扇形顶，这类形态更加容易确认。如图 4-3 所示，四川湖山的扇形顶正在形成中，可以看到这是一个水平扇形顶，高点越来越高，低点也越来越低，此后向下突破的可能性很大，所以应该以逢高卖出操作为主。大型和中型的扇形顶一般都可以从头肩顶甚至双顶的角度去分析，这样做更简单和易于操作，小型扇形顶则可以从扇形的角度去分析，这样做也比较简单和高效，希望炒家注意这个关键细节。

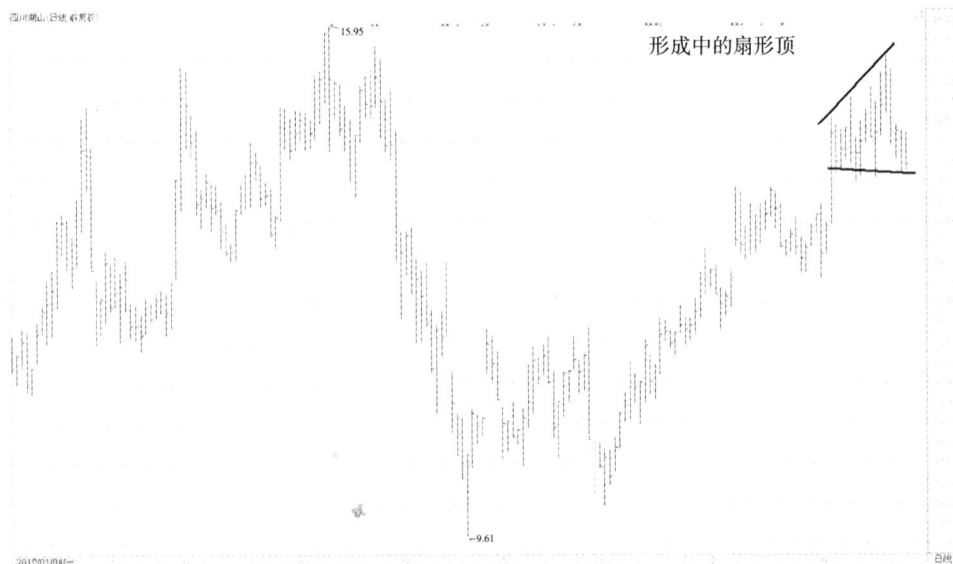

图 4-3　形成中的扇形顶

　　扇形与双顶形态关系密切，比如低高双顶和高低双底，下面我们就来介绍它们的具体关系。如图 4-4 所示，丰原生化在 10.68 元/股附近形成了一个扇形顶，同时这个扇形顶也是低高双顶。高点走高，低点维持相同水平或者逐步走低，这是大多数低高双顶的特征，同时扇形顶部也与其特征类似。由此看来，扇形顶算不上一个单独的形态，往往可以从其他形态角度加以分析。低高双顶的颈线被有效跌破则意味着出现向下做空的机会，这点在扇形顶中就比较模糊，需要依靠较大幅度的向下突破才能确认。

图 4-4　扇形顶和低高双顶

接下来介绍一下扇形底，扇形底与扇形顶形态一致，只是出现的位置不同。它往往在大幅下跌后出现，有时候是在前期低点附近出现。不少高低双底就是典型的扇形底，如图4-5所示，美利纸业的走势就是如此，低点越来越低，高点水平或者走高。高低双底的颈线被有效突破之后，股价上涨的可能性就很大，但是，扇形底的有效突破则比较难定义，只能从突破幅度方面加以界定。

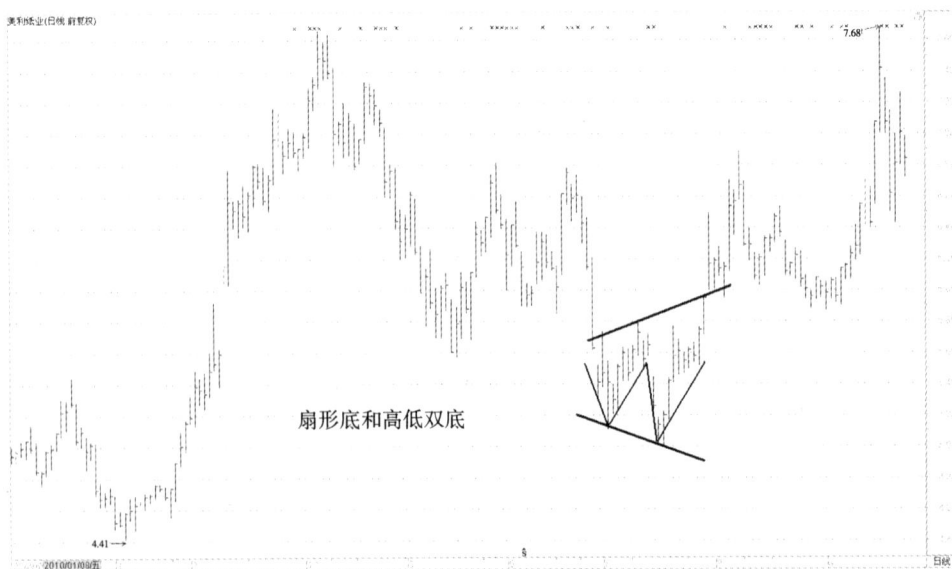

图4-5　扇形底和高低双底

第二节 扇形中的成交量

　　介绍西方技术形态，扇形是一个绕不开的形态，但同时却是一个意义不是很大的形态，因此只要掌握小型扇形即可。在本小节中，我们来介绍扇形的成交量特征。扇形按照位置可以划分为扇形顶和扇形底；扇形按照形态可以划分为倾斜扇形和水平扇形。一般而言，扇形底的成交量特征都是先缩量，后放量，这点不需要从扇形的角度来谈成交量特征，从底部的量能特征来看即可。扇形顶的成交量特征则不能通过一般量能特征规律来分析，因为这时的成交量特征比较散乱，即"散乱"就是扇形的成交量特征。

　　倾斜扇形顶都是以向上倾斜为主，如图 4-6 所示，超声电子在 17.40 元/股附近形成了扇形顶，也可以看成是头肩顶形态，或者是特别的双顶形态。然而此时相应的成交量却并没有呈现显著萎缩的状态，虽然比起飙升阶段确实存在一定程度的萎缩。

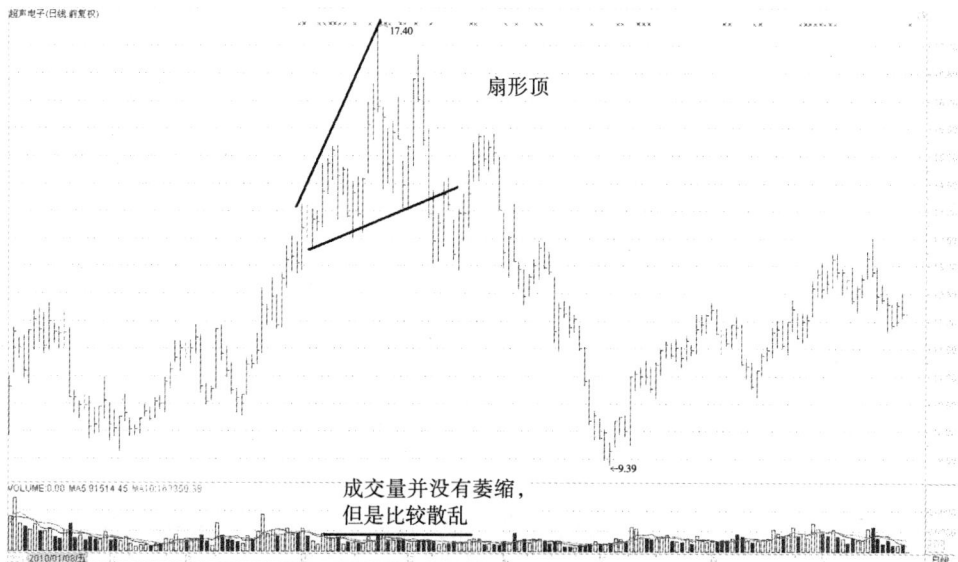

图 4-6　斜上扇形顶的成交量特征

有时扇形会出现在行情发展过程中，这就属于中继形态了，当然也可能发展成为反转形态。如图 4-7 所示，神火股份出现扇形的时候，成交量比较散乱，整体水平甚至偏高，这表明扇形形成过程中的成交量并不稳定。

扇形是一个不得不讲的形态，但也是在实际运用过程中可以忽略不考虑的形态。

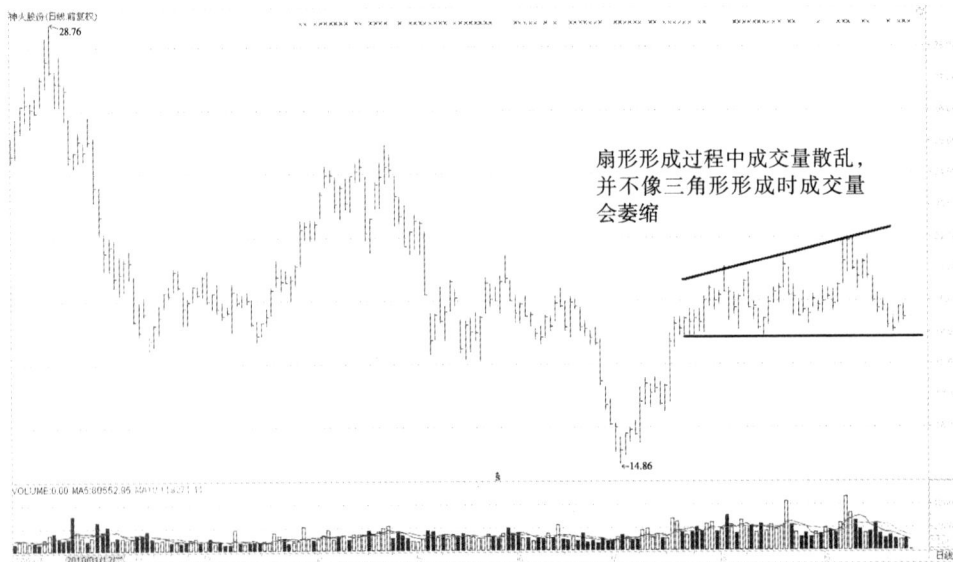

图 4-7　水平扇形顶的成交量特征

第三节 钻石形态

钻石形态是一种先发散后收缩的形态，它与十字星类似，只是钻石形态属于中观形态，而十字星属于微观形态。十字星出现在顶部或底部附近，表明市场开始由多头（或者空头）占优势的状态变为均衡状态。此后如果出现反向的K线走势，即空头（或者多头）占优势的状态，那么行情反转的可能性就很大。如图4-8所示，中华企业在冲击11.25元/股的过程中出现了十字星，次日出现阴线，后市下跌的可能性就很大。随后，股票果然下跌。钻石形态与十字星具有类似的意义，所以钻石形态也有顶部和底部之分，顶部钻石具有看跌意义，被称为钻石顶，底部钻石具有看涨意义，被称为钻石底。

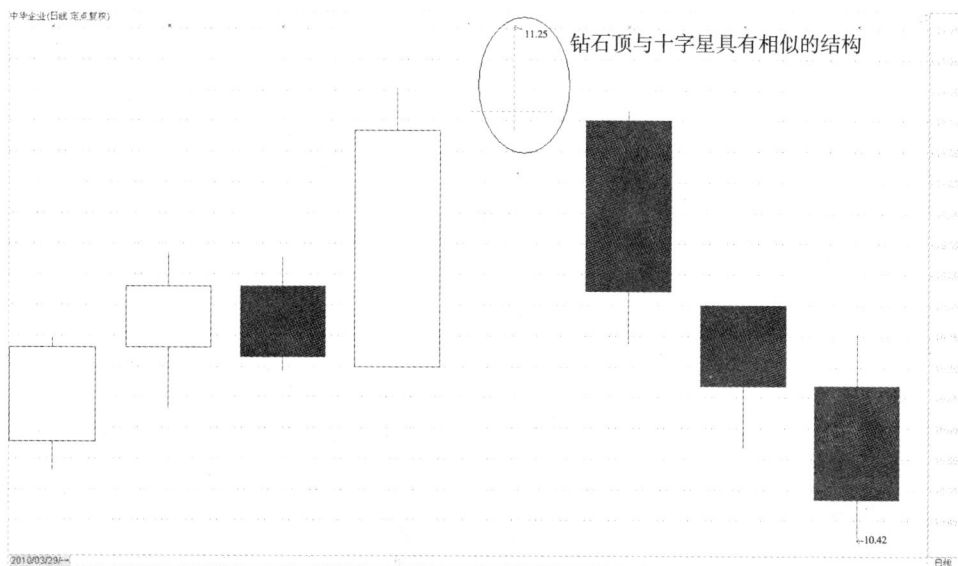

图4-8 钻石顶和十字星

　　钻石顶出现的时候股价已经上涨了很长一段时间，如图4-9所示，强生控股上涨到11元/股附近形成了钻石顶，但股价收缩到顶点的时候向下的突破发生了。上涨阶段多头占据主导，然后进入到钻石顶的右边部分，这时多空实力趋向于均衡。在钻石顶的中间部分，多空互有攻守。最终，股价倾向于收缩，这表明多头实力再度均衡。突破就在这时候发生了。一般而言，股价上涨一段时间后出现钻石顶表明空头开始发力，除非有新的基本面动力出现，否则股价转而下跌的可能性很大。强生控股出现了钻石顶之后，股价快速下跌，一直下跌到6.34元/股附近。钻石顶形态不太容易见到，即使出现炒家也未必能够立即识破，而且有时候这个形态会以头肩顶的形式出现，这点是炒家需要注意的。

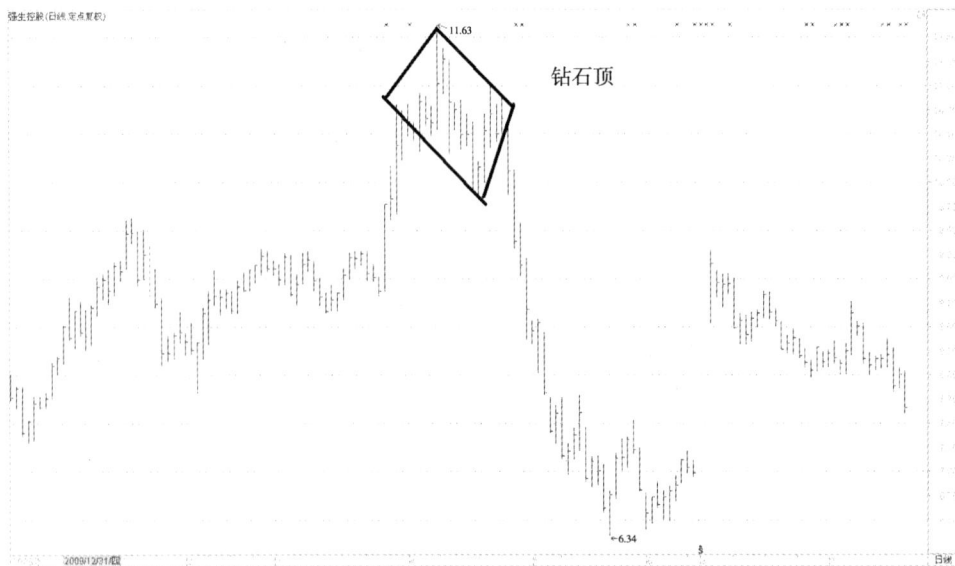

图4-9　钻石顶

　　钻石底与钻石顶的形态相似，只是所处的位置和突破方向不同罢了。钻石底也同样反映多空双方对比力量的转化过程，类似于底部出现的十字星形态。钻石底的左端类似于一个扇形，右端类似于一个对称三角形。如图 4-10 所示，万好万家在 15 元/股附近出现了钻石底，此前股价有过充分的下跌，这是钻石底形成的前提。股价此后向上突破钻石底上边界，此后展开一波大幅上涨行情，股价一直上涨到 22.85 元/股附近。

　　钻石形态的目标度量是一个空白地带，关于这方面的文献资料很少，因此要采用诸如压力线和支撑线之类的方法来计算利润目标，炒家也可以从前面介绍的目标度量策略中获得思路启发。

图 4-10　钻石底

第四节　楔　形

　　楔形在西方技术形态分析中占据着重要的位置，仅次于峰顶和三角形等重要形态。楔形具有非常重要的意义，因为楔形被突破后往往是非常好的进场时机。楔形容易与三角形混淆，在艾略特波浪理论中较大规模的楔形有时候被定义为倾斜三角形，并且又细分为"引导三角形"和"终结三角形"，其实这类楔形比较复杂，甚至已经超越了单纯中继形态的范畴。我们在本小节中主要介绍作为中继形态的中小规模楔形。为了让炒家对楔形有更加清楚的认识，而不会与其他形态混淆，我们做一个比较，如图4-11所示。形态的最主要差别在于边界线的朝向。矩形的两条边界线都是水平的，如果是旗形，则两条边界线都是斜向的，但两者之间是平行的；对称三角形的两条边界线中的上边朝下，下边朝上，三角旗形也是如此；上升直角三角形的上边是水平的，下边是朝上的；下降直角三角形的下边是水平的，上边是朝下的；上升楔形的两条边都是朝上的；下降楔形的两条边都是朝下的。

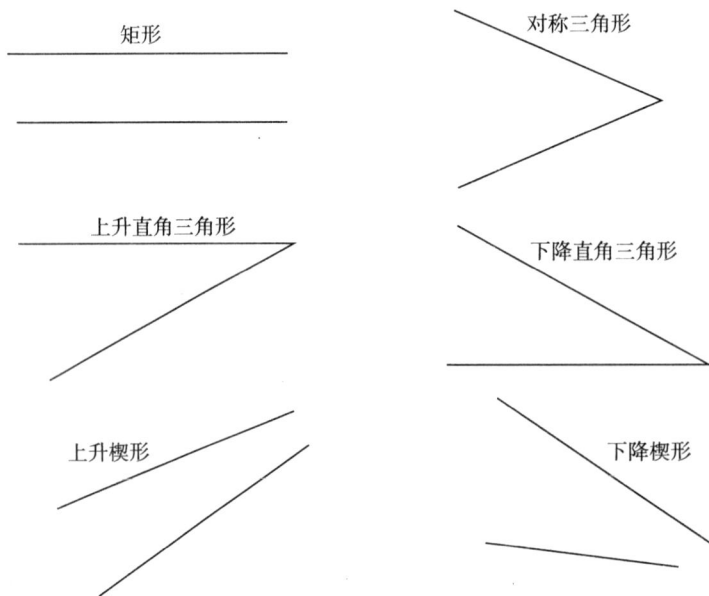

矩形

对称三角形

上升直角三角形

下降直角三角形

上升楔形

下降楔形

图4-11　主要形态与楔形的比较

　　楔形与其他重要技术形态的区别我们已经分析完毕。下面就来介绍上升楔形和下降楔形。如图 4-12 所示，东软集团的走势中标示出了两个楔形：一个是上升楔形，即下降趋势中的中继形态；另一个是下降楔形，即上升趋势中的中继形态。上升楔形出现在下降走势中，两条边界朝上；下降楔形出现在上升走势中，两条边界朝下。所以，炒家要明白一点，上升楔形中的"上升"两字针对的是边界朝向，而不是突破后的股价走势，股价走势与楔形朝向相反；同理，下降楔形中的"下降"二字针对的是边界朝向，而不是突破后的股价走势，股价走势与楔形朝向也是相反的。

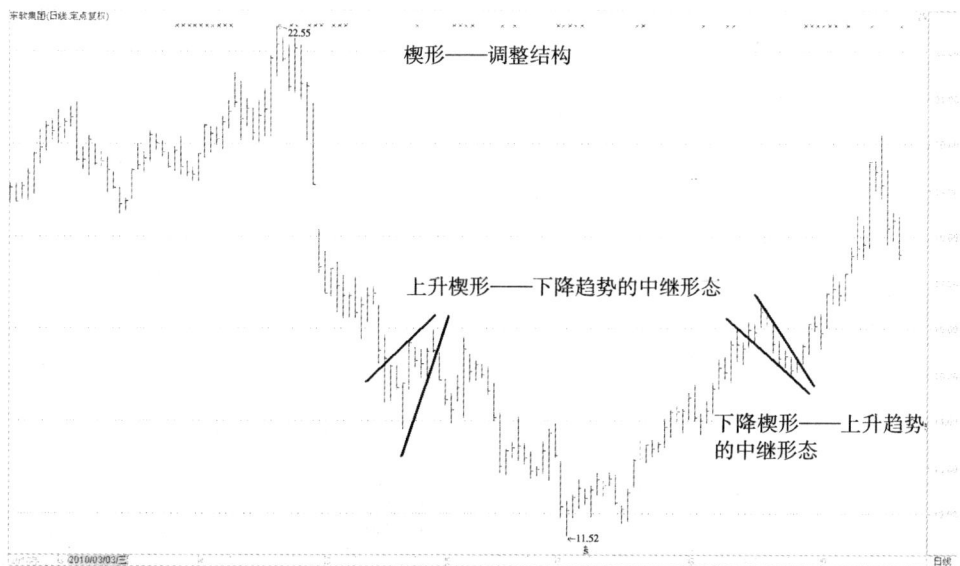

图 4-12　上升楔形和下降楔形

第五节 下降楔形

　　下降楔形这种形态是上涨走势中的良好买点基础。下降楔形出现之后，具体应该在什么位置买入呢？一般而言是在楔形被确认为有效突破之后买入股票。如图 4-13 所示，东安黑豹从 6.58 元/股附近的位置逐步上涨，涨到 9 元/股附近出现了下降楔形。下降楔形的完成取决于突破的有效发生，而突破的有效性主要取决于突破日收盘价的位置。收盘价越远出现在楔形上边界之上，则突破越有效。东安黑豹股价向上突破上边界，收盘价显著高于上边界，后市继续上涨的信号发出，这时候炒家就可以进场买入股票了。

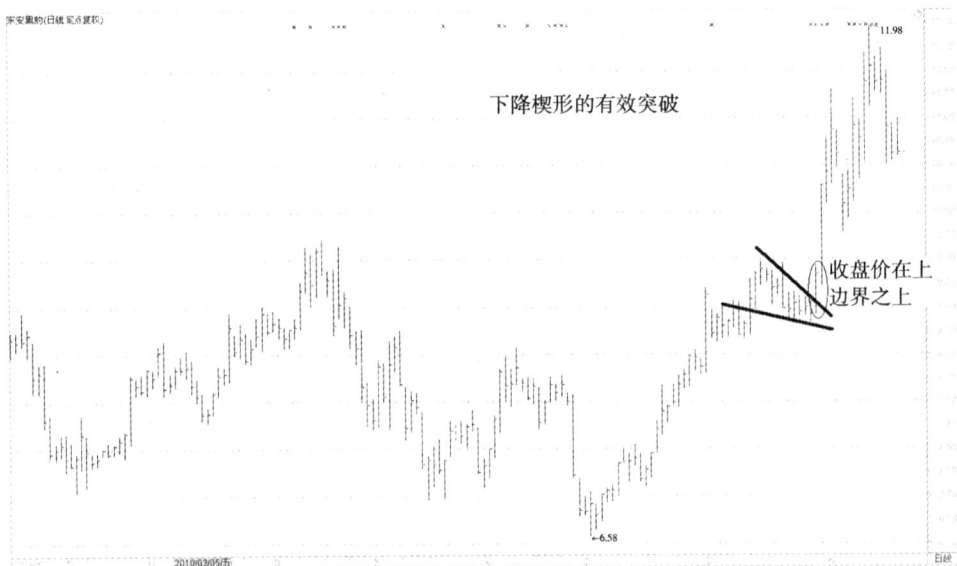

图 4-13　下降楔形的有效突破

作为短线炒家，我们不仅要关注下降楔形的价格特征，还应该关注相应的成交量特征，见图4-14。通过成交量特征，我们可以更好地识别真正的下降楔形，避免将其他形态或者异常的价格走势误认成下降楔形。下降楔形形成的过程中，成交量应该是逐步萎缩的，这表明股价进入上涨中的调整走势，也就是所谓的"价跌量缩"状态。一旦股价调整结束，继续上涨的可能性就很大了。前面介绍的几种中继形态都有一个特征，即成交量出现相应萎缩，这点与楔形也是类似的。如果股价出现类似于下降楔形的调整，但是成交量也放得很大，那么这个形态可能就不是楔形，而是下跌的开始。这点炒家一定要注意，因为形成中的楔形与最初的下跌在形态上差别并不大，关键看成交量特征。

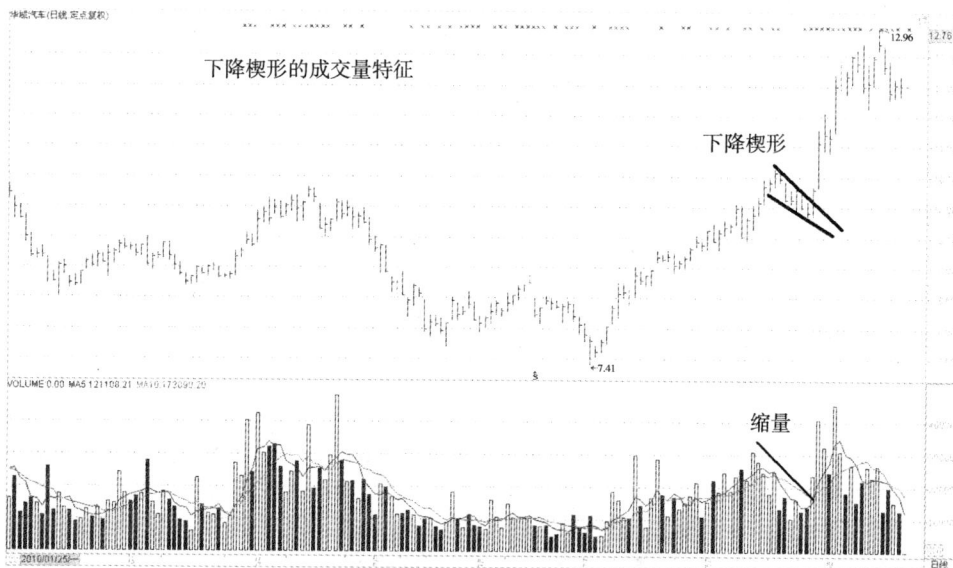

图4-14　下降楔形的成交量结构特征

下降楔形突破后的上涨目标怎么计算呢？这就涉及目标度量问题，见图 4-15。一般而言，下降楔形突破后的初步上涨幅度等于楔形形成之前的上涨幅度，即 AB 段等于 CD 段。其实，在艾略特波浪理论中，BC 段（下降楔形发展段）属于调整浪，CD 段的高度等于 AB 段高度的菲波纳奇倍数，如 1 倍或者 1.618 倍。若炒家在下降楔形有效突破后买入股票，则可以将 AB 段的 1 倍设定为初步的利润目标。

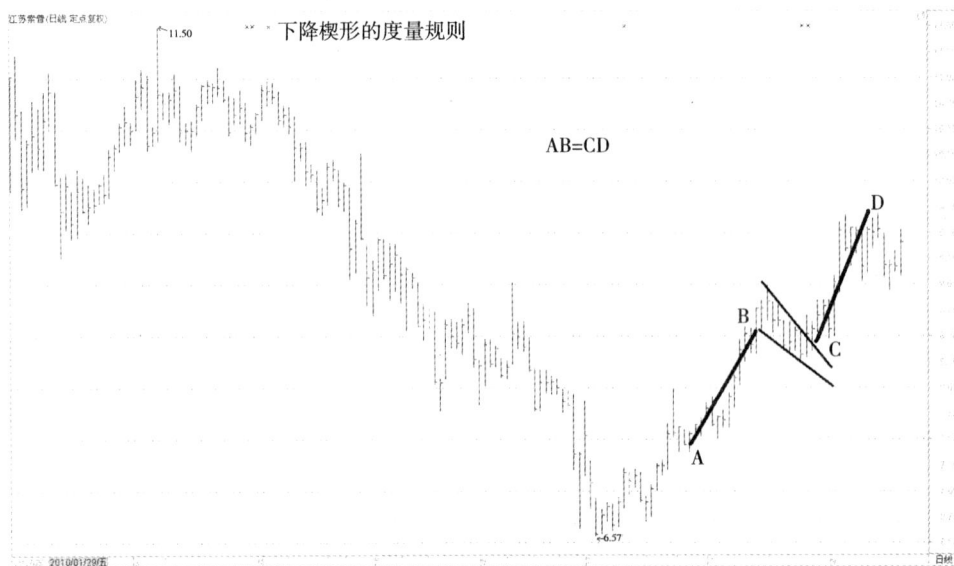

图 4-15 下降楔形的度量规则

第六节 上升楔形

上升楔形出现在下降趋势中，属于下降走势的中继形态，如果炒家此前被套，那么上升楔形被跌破之前属于比较好的反弹卖出时机。上升楔形的有效跌破应该怎样定义呢？上升楔形显示了下降走势中的反弹形态，当跌破下边界的交易日收盘价在下边界之下时表明上升楔形被有效跌破。如图 4-16 所示，综艺股份从 15.5 元/股高位附近下跌，在 12.5 元/股附近形成上升楔形调整，股价反弹到 14 元/股附近出现了回落，收盘价跌破了上升楔形的下边界，这就是有效跌破。反弹顶点确认了，此前被套的炒家这时候可以逢高减仓。

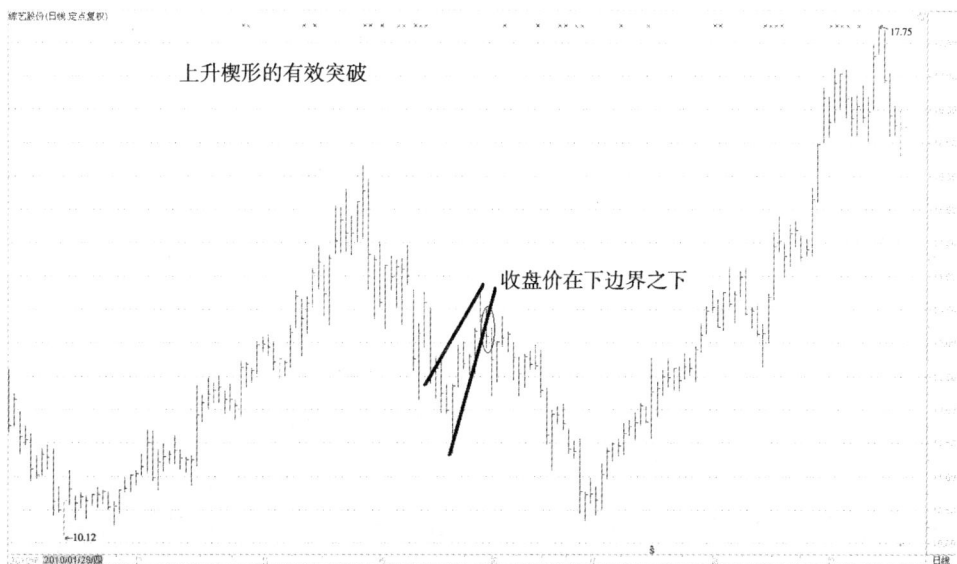

图 4-16 上升楔形的有效突破

上升楔形的成交量结构是怎样的呢？如图 4-17 所示，随着股价反弹，成交量逐步放大，随后缩减，这就确认了反弹的高点。所以在上升楔形被有效向下突破之前，成交量就出现了阶段性高点之后的萎缩，这个转瞬即逝的时机需要炒家快速辨认出来。

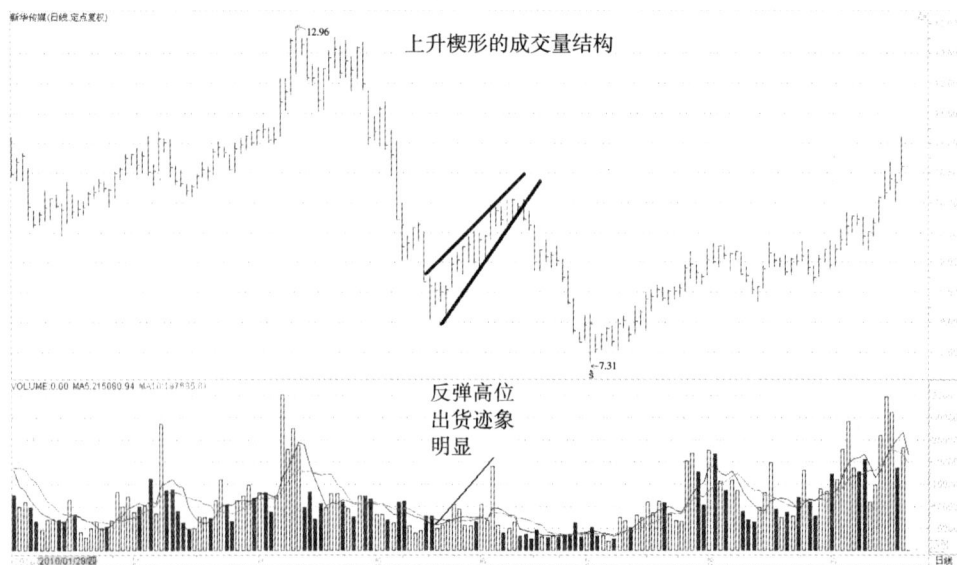

图 4-17　上升楔形的成交量结构特征

上升楔形被有效突破之后，下跌的空间怎样估算呢？如图 4-18 所示，下降楔形形成于 BC 段，向下突破后的走势为 CD 段。按照度量规则，上升楔形继续下跌的幅度等于此前下跌的幅度，即 CD 段高度等于 AB 段高度，值得注意的是，这里使用的是"高度"，而不是"长度"。

我们了解了上升楔形有效突破的特征，知道了下跌幅度的度量，是否就可以凭借这些技巧在最低点买入呢？当然还不可以，这个还需要其他策略帮助，如底背离技巧，或者看涨反转 K 线策略。上升楔形度量规则只是提供了一个线索，而不是充分条件。

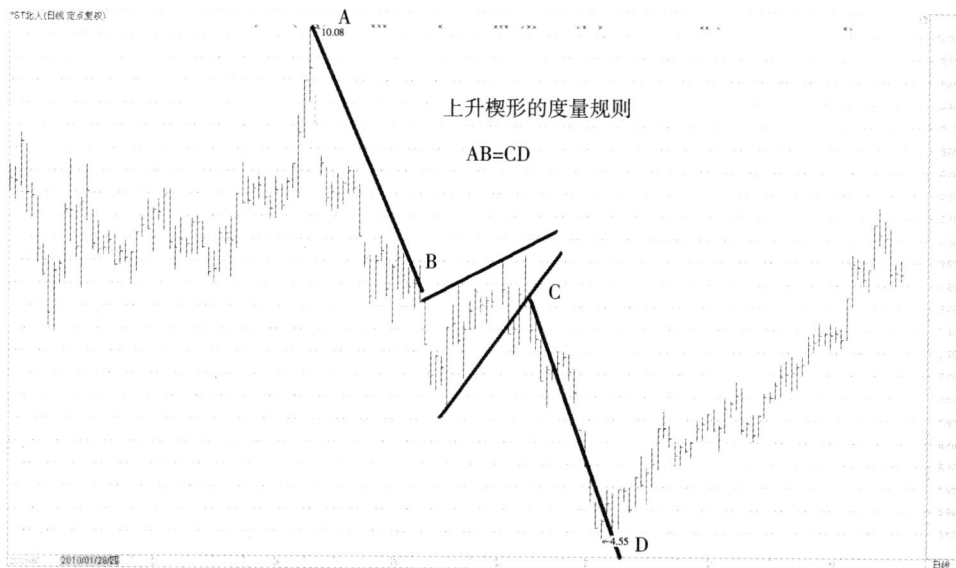

图 4-18　上升楔形的度量规则

星期五 经典形态策略基础（5）：整固形态

第一节 旗 形

　　广义旗形分为两种，第一种是一般旗形，两条边是平行的，第二种是尖旗形，也被称为三角旗形，在本小节我们先来介绍第一种旗形。旗形与矩形类似，但是也有两点不同：一是旗形的两边是平行的，但是朝向是倾斜的，而矩形的两边是平行且水平的。二是旗形规模较小，而矩形规模较大，这是非常重要的区别。旗形与楔形的意义基本一致，即提供了中继入场或者出场的机会。旗形分为两种基本类型：一种是上升旗形，另一种是下降旗形。

　　上升旗形的两边向上倾斜，与上升楔形相同，但是两边却是平行的，这点与上升楔形有区别。如图 5-1 所示，上升旗形出现在下跌走势中，属于下跌中继形态。所谓"上升"是指两边的朝向，而不是指有效突破后的涨跌。上升旗形是很好的反弹解套机会，这点广大炒家需要注意，同时也为下跌空间提供了一个测度机会。

　　如图 5-2 所示，下降旗形出现在上升走势中。不少炒家对下降旗形都不太重视，一般会按照所谓的"调整"来看待下降旗形，其实这种大而全的定义不利于炒家在形态形成过程中将其识别出来。下降旗形的两条边界相互平行，但是都朝向右下方，股价向上有效突破上边界，则被认为下降旗形被有效突破。下降旗形被突破后则是很好的买入机会，这时候可以参考成交量的状态，如果成交量在突破时被放大，那么后市上涨的可能性就更大，买入的仓位就可以更重一些，这些是炒家需要关注的一点。归纳起来就是下降旗形的有效突破一般是买入时机，而是否出现有效突破主要从收盘价位置来确定，同时也要关注成

图 5-1　上升旗形

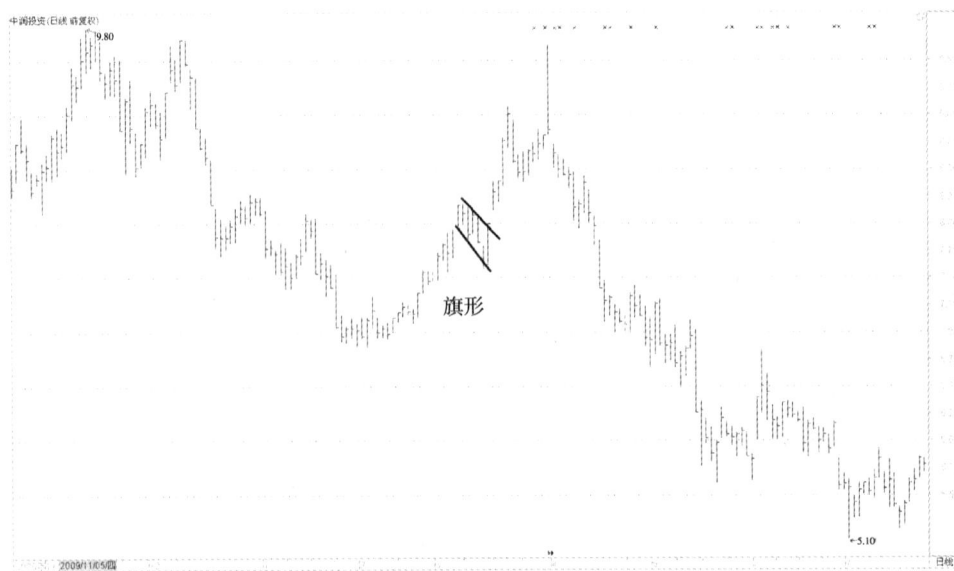

图 5-2　下降旗形

交量是否放大。

　　旗形出现之后，股价的运行空间怎么计算呢？我们这里以上升旗形为例。如图 5-3 所示，长航凤凰从 6.44 元/股的高点快速下跌，没有出现像样的反弹，直到一个上升旗形出现。这是规模较小的上升旗形，不久后股价便向下突破，上升旗形完成。那么突破之后，股价继续下跌的可能空间有多大呢？一般而言，我们先确定上升旗形出现之前下跌走势的幅度，这里是 AB 段的高度，然后从突破点向下度量，一般而言，继续下跌段 CD 的高度等于 AB 段的高度。上升旗形出现后股价下跌，下跌幅度一般倾向于等于上升旗形出现前的下跌幅度；下降旗形出现后股价上涨，上涨幅度一般倾向于等于下降旗形出现前的上涨幅度。旗形和楔形的度量规则基本类似，旗形和楔形相当于一个中点，两边的价格运动幅度应该接近，这点与峰顶和三角形的估量存在差别。

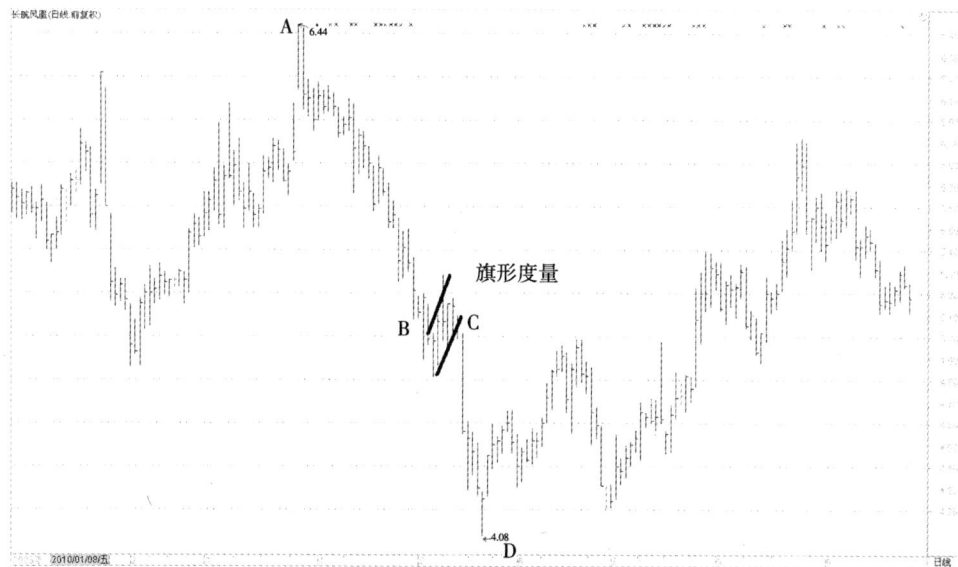

图 5-3　旗形的度量规则

第二节　三角旗形

三角旗形从外观上来看非常接近于三角形，但是内部结构却与三角形有较大区别。如图 5-4 所示，三角旗形属于较小规模的形态，内部一般不存在显著的更小结构，也就是说三角旗形内部不会存在三角形特有的 5 浪结构。三角旗形与旗形以及楔形类似，属于趋势中继小形态。而三角形则不一定是中继形态，这点炒家要搞清楚。三角旗形在底部出现的可能性很小，基本不可能出现。除此之外，三角旗形的估量规则与三角形也大不一样，这点将在后面做详细介绍。

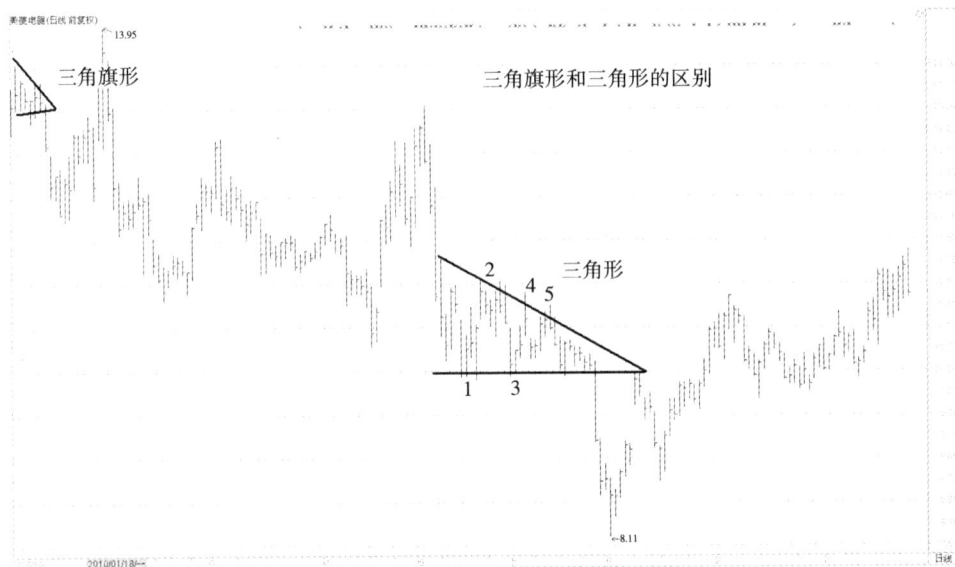

图 5-4　三角旗形和三角形的区别

　　三角旗形要么出现在上升走势中，要么出现在下降走势中。一般而言，三角旗形更类似于对称三角形的外观，当然少数时候也会出现类似于直角三角形的类型。我们首先来看上涨走势中的三角旗形，如图 5-5 所示，S 仪化从 6.55元/股的低点分两阶段上涨到 8 元/股附近，然后形成一个三角旗形。该三角旗形被突破后，股价继续上行。三角旗形被有效突破与否主要看收盘价是否处在上边界之上，同时也可以结合成交量状态，不过在三角旗形股价被突破时未必有明显放量。在本例中的三角旗形属于上升中继形态，炒家可以关注其中的股价运行特点。

图 5-5　上升途中的三角旗形

下降三角旗形出现在下跌走势中，与上升三角旗形在形态上并无差别，主要是出现在不同的走势位置中，这点是炒家需要注意的。如图 5-6 所示，深深宝 A 从 13.64 元/股的高点快速下跌，在 8.5 元/股附近出现整理，整理末端是一个三角旗形，当股价向下突破三角旗形下边界时，股价继续下跌，一直跌到 6.95 元/股附近才止跌。下降途中的三角旗形被有效跌破的标志是跌破日收盘价处在三角旗形下边界之下。

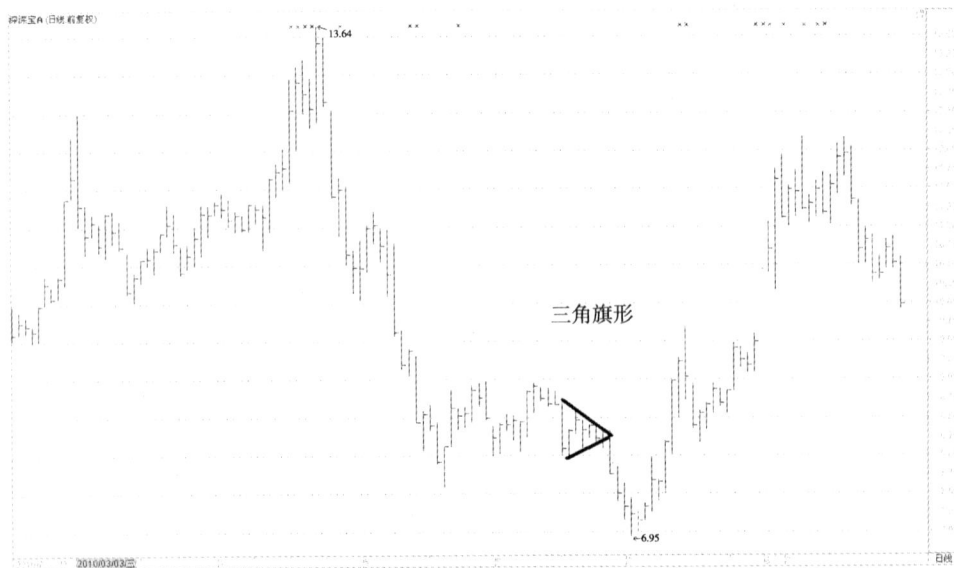

图 5-6　下降途中的三角旗形

第三节　旗形的度量规则

一般旗形和三角旗形的度量规则基本相同，一般旗形的度量我们在前面已经介绍了，炒家也知道如何根据旗形的形态度量股价此后的走势，那么本小节我们就主要介绍三角旗形的目标度量。

三角旗形按所处的趋势状态分为两类，第一类是上升中继三角旗形，第二类是下降中继三角旗形。上升中继三角旗形的目标度量主要是先确定三角旗形之前走势的高度，如图 5-7 所示，深桑达 A 从 A 点上涨到 B 点，然后出现了三角旗形。将 AB 段的高度（不是长度）作为单位 1，然后以三角旗形向上有效突破点为起点 C，向上投射单位 1 的长度，达到 D。因此，股价上涨到 D 点调整或者反转的可能性很大，即上升中继三角旗形的目标度量是 D 点。此后，深桑达 A 上涨到 D 处附近果然出现了反转。上升三角旗形的度量规则为买入者调整仓位提供了一个参考，可以在 D 点附近平仓或者减仓。

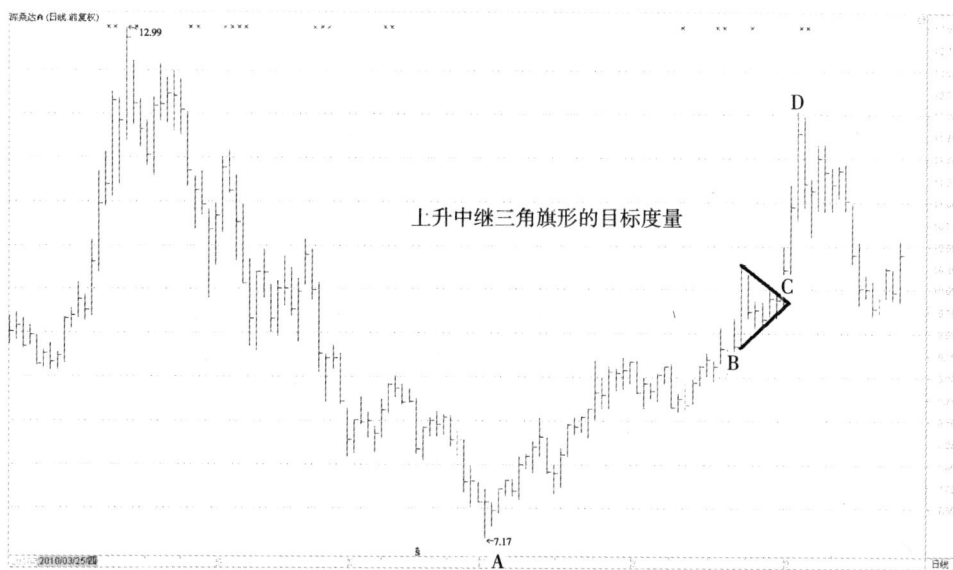

图 5-7　上升中继三角旗形的目标度量

如图 5-8 所示，盐田港出现了一个下降中继三角旗形，股价从 9.06 元/股的高度快速下跌，到 7.8 元/股附近形成了三角旗形，此时股价继续下跌的可能性很大。那么，如何度量继续下跌的空间呢？按照此前的规则，找到三角旗形形成前的下跌幅度，也就是点 A 到点 B 的高度。然后，寻找有效跌破点，也就是 C 点，往下投射等于 AB 段高度的幅度，得到 D 点。但是，此后股价继续下跌，这就反映出了单一度量规则的缺点，即容易为强劲走势所违背。

三角旗形出现的频率没有楔形高，但是两者的度量规则是一样的，所以可以当成同一种形态加以处理。在期货交易中旗形和楔形对于短线炒家而言具有很重要的意义，在股票交易中，上升走势中的旗形和楔形要比下降走势中的同种形态更为重要。

图 5-8 下降中继三角旗形的目标度量

第四节　中继头肩形态

头肩形态一般被认为是反转形态，但在实际走势中也容易成为中继形态，在本小节中我们专门介绍中继头肩形态。头肩形态之所以成为中继形态一般有两种情况：第一种情况是颈线没有被突破；第二种情况是颈线被突破后不久股价折返。第二种情况下的中继头肩形态比较难识别，一般需要结合成交量，甚至基本面和资金面来分析。

先来介绍中继头肩顶，这个中继形态分为两种情形：一是中继头肩顶出现在上升走势中，二是头肩顶出现在下跌走势中。如图 5-9 所示，中成股份从8.31 元/股的低点逐步上涨，上涨至 13 元/股附近则出现头肩顶形态，颈线没有被跌破，股价向上冲高，突破右肩高点。随后股价突破头部，一直上涨到了18.13 元/股。从这里炒家可以发现，当头肩顶的右肩被向上的股价突破时，中继头肩顶可能就形成了，这时候就要转换思路，不能按照传统的头肩顶思路去操作，而应该在右肩被有效突破时买入股票。

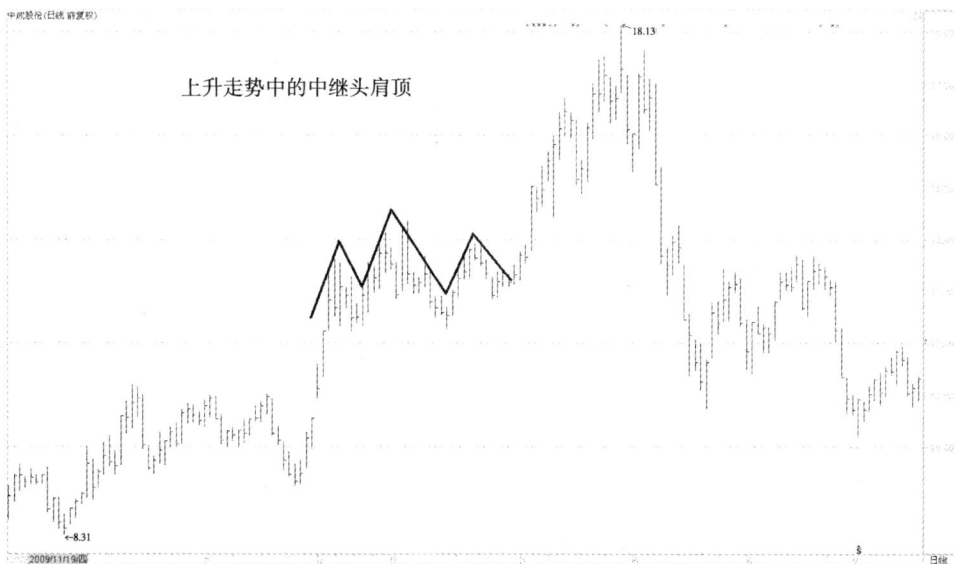

图 5-9　上升走势中的中继头肩顶形态

下跌走势中的中继头肩顶与顶部反转头肩顶相差不多，只是出现的位置不同而已。如图 5-10 所示，中联重科从 10.21 元/股的高点快速下跌，跌到 7 元/股附近出现头肩顶形态，随后股价跌破颈线，颈线被跌破后股价继续小幅度下跌。按照 1~3 倍的头肩顶形态度量原理，这里最多下跌了 1 倍的幅度。高点的头肩顶和下跌走势中的头肩顶具有相似的特征，关键是明确颈线被突破，还是左肩被突破，如果左肩被突破，则走势向上的可能性就很大。

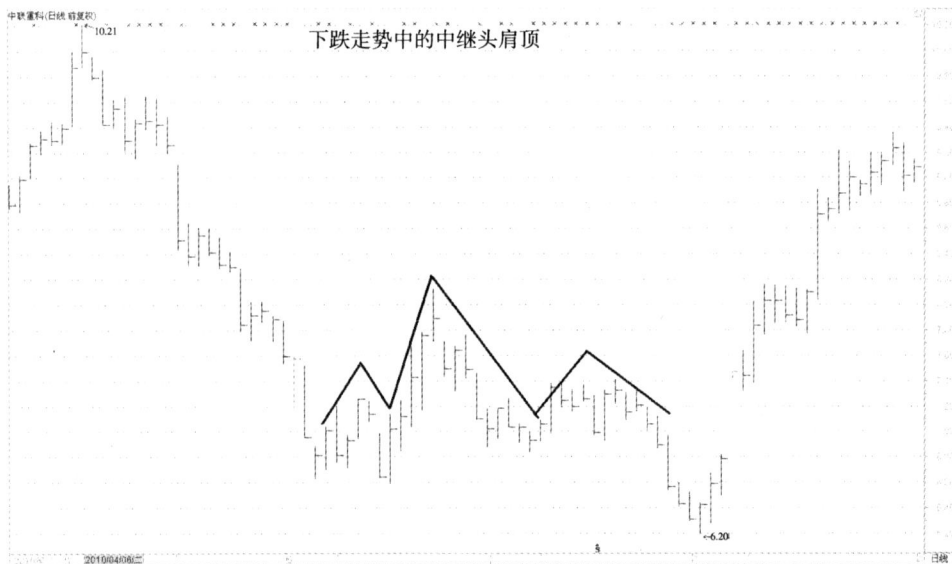

图 5-10　下跌走势中的中继头肩顶形态

　　下面，我们来介绍中继头肩底形态，中继头肩底也分为两种情况：一是上升走势中出现的头肩底，二是下降走势中出现的头肩底。先来看第一种情况，如图 5-11 所示，英力特从 10.48 元/股的位置开始上涨，上涨到 13.25 元/股附近出现了头肩底形态，该形态形成不久之后股价便向上突破颈线，股价继续上涨。底部的头肩底和上升中继头肩底具有相同的特征，即颈线被有效突破。其向上度量策略与前面我们介绍的一般头肩底类似，当然最好还是能够结合其他目标度量手段，如 K 线等。

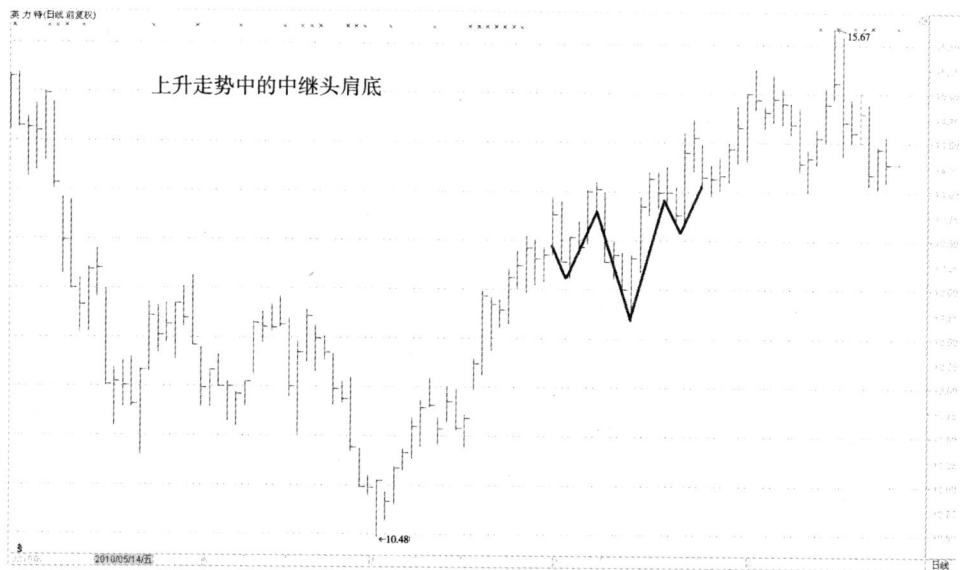

图 5-11　上升走势中的中继头肩底形态

下降走势中的中继头肩底一般不会向上"有效"突破颈线。我们来看一个例子，如图 5-12 所示，海南海药从 24.7 元/股的高点逐步下跌，形成了一个头肩底。股价向上突破了颈线，但算不上是有效突破。为什么不是有效突破呢？因为向上突破日的收盘价并不在颈线之上。此后，股价快速跌破右肩，这就预示了这是一个下跌中继头肩底，而不是一个反转头肩底。

要避免将中继头肩形态当成反转头肩形态，简单的做法是看股价是否突破颈线，另外看右肩是否被有效突破。技术分析提供的是行情走势的可能性，涉及一个概率问题，所以头肩形态究竟是反转还是中继也是一个概率问题，需要炒家借助技术手段加以分析和判断，而不是一个非黑即白的问题。

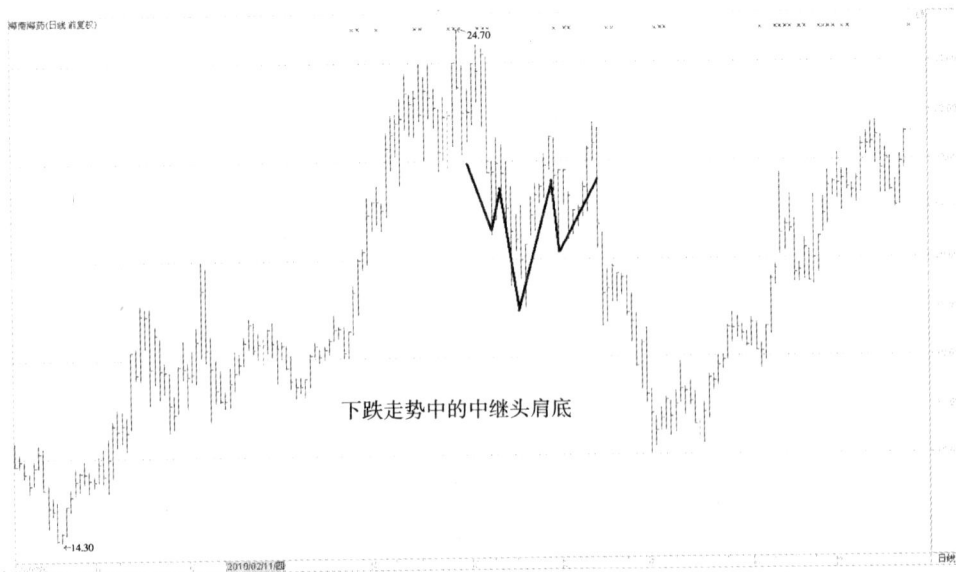

图 5-12　下跌走势中的中继头肩底形态

星期六　经典形态策略基础（6）：反转日和缺口

第一节　反转日

前面我们都围绕多日形态进行介绍，这里则主要介绍单日形态，这些形态与 K 线形态有一些相同之处，但独特之处也很明显，所以炒家应该按照西方单日技术形态的要点来进行操作，而不要参照 K 线。

在本小节中我们来学习"反转日"这种形态，反转日分为低点反转日和高点反转日两种，而且反转日与后面介绍的长钉日可能有交叉关系。下面我们先来介绍低点反转日，如图 6-1 所示，B 股指数在 195 点附近形成了一个低点反转日。那么何为低点反转日呢？今日股价盘中创出新低，但是收盘却在前日收盘价之上，这表明多头最终获胜，后市要么反转向上，要么会出现一波反弹。图 6-1 中这个低点反转日其实也是长钉日，所谓的"长钉日"就是收盘价与前日收盘无关，但是今天必须在最高价附近收盘的形态，有点类似于锤头形态，后面会详细介绍。

　　我们再来看一个高点反转日的例子，如图 6-2 所示，深深宝 A 在 12.18 元/股附近出现了两个明显的高点反转日。那么何为高点反转日呢？盘中创出新高，收盘价在前日收盘价之下。那么，与此相对的高点反转长钉日又是怎么样的呢？

图 6-1　低点反转日

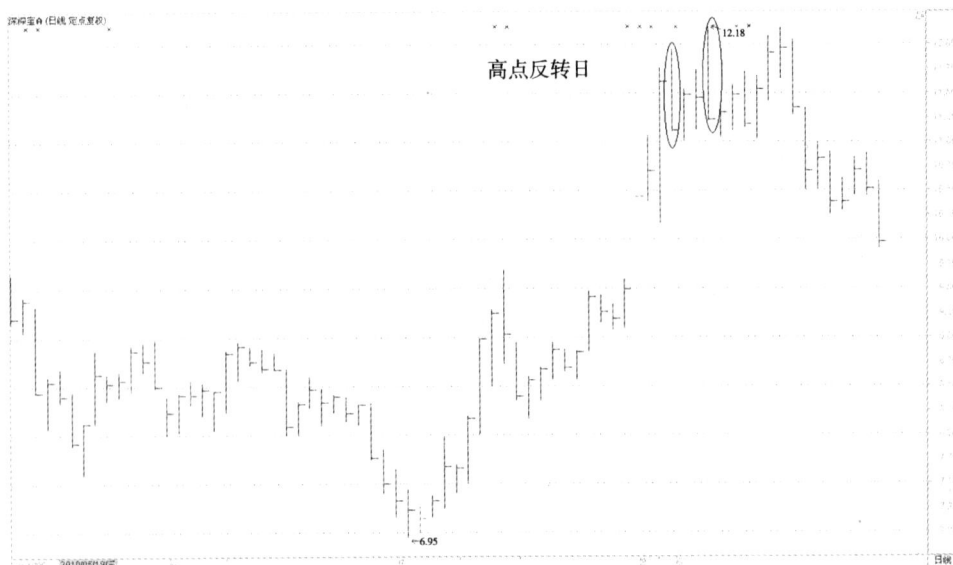

图 6-2　高点反转日

高点长钉日要求收盘价在最低价附近，所以本例中的两个高点反转日也属于长钉日。高点反转日出现后股价倾向于局部回落，所以股价有可能是反转，也可能只是调整。

为了让炒家更好地识别高点反转日，我们这里再看一个容易被误认为高点反转日的例子。如图 6-3 所示，长城开发最近一个交易日的收盘价在昨天收盘价之下，这好像是高点反转日，但是今天盘中价格根本没有创出新高，所以不属于高点反转日。

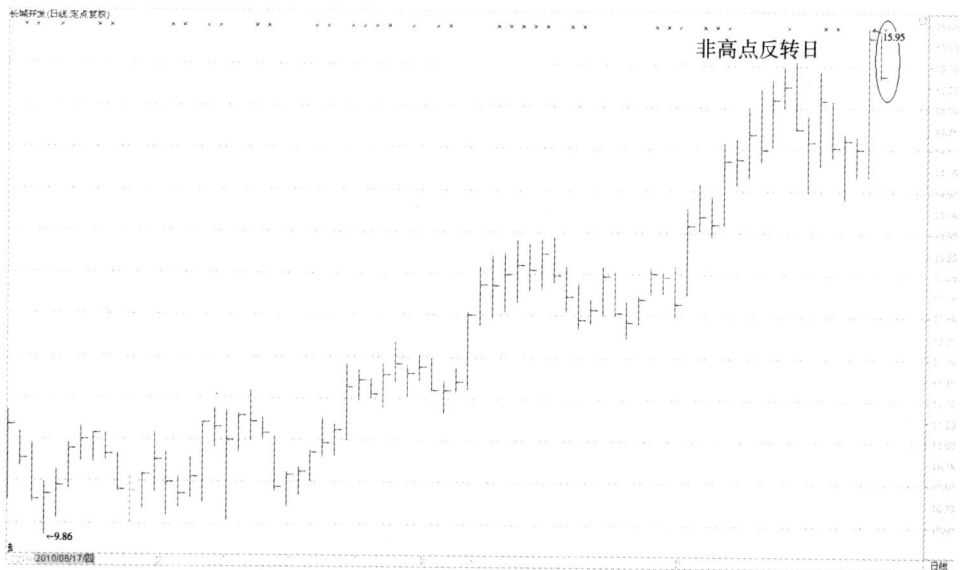

图 6-3　非高点反转日

低点反转日与 A 股操作关系密切，因为这个信号可能提供了一个短线买入的机会，所以我们重点来介绍这个形态。如图 6-4 所示，深康佳 A 在 4.54 元/股附近形成了一个底部，股价随后反弹，继而回落形成一个次低点。这个次低点由一个低点反转日标注出来。熟练的短线炒家若发现一个低点反转日出现在前期低点之上一些，肯定就会意识到这是一个不错的短线买点。一旦低点反转日确认次要底部，那么一个低高双底就形成了，股价继续上涨的态势就确立了。

图 6-4　低点反转日

　　下面我们来介绍容易与低点反转日混淆的形态，如图 6-5 所示，招商地产上冲到 20.5 元/股附近出现了回调，形成了一个低点，那么这个低点对应的交易日是不是低点反转日呢？虽然盘中创出了新低，但是相应的收盘价却在昨日收盘价之上，所以不是低点反转日。

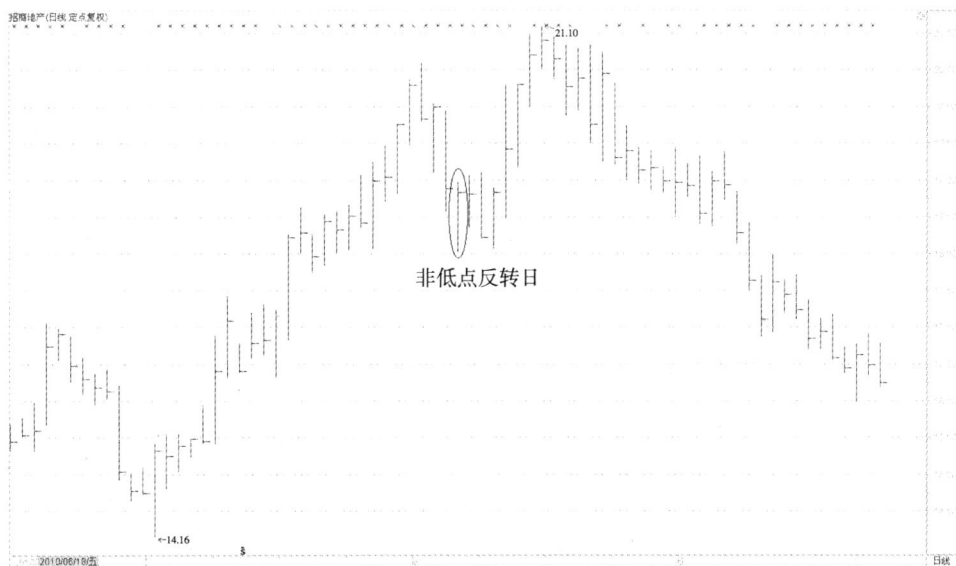

图 6-5　非低点反转日

第二节　长钉日

　　长钉日分为低点长钉日和高点长钉日，低点长钉日与锤头类似，高点长钉日与流星类似，长钉日与反转日同样属于局部反转形态，熟练掌握这些西方反转技术形态的炒家也可以在 K 线图上识别出它们来。

　　低点长钉日是盘中价格较昨日低点更低，同时收盘在今日最高价附近的交易日。如图 6-6 所示，紫金矿业从 8.32 元/股附近下跌，跌到 4.97 元/股附近（其实是 5 元/股整数关口发挥了支撑作用）出现了一个低点长钉日，也就是盘中价格比昨天最低价更低，但是收盘价位于今日最高价附近的交易日形态。这种定义不关注开盘价的位置，这与 K 线中的锤头形态存在差别。锤头形态要求开盘和收盘都尽可能地靠近最高价，下影线要长，而低点长钉日则要求收盘价尽可能地靠近最高价，对于开盘价却没有要求。

图 6-6　低点长钉日

　　高点长钉日与低点长钉日的要求相反，如图 6-7 所示，高点长钉日的盘中价格要高于前一交易日的最高价，同时收盘价要在最低点附近。国投新集从 13 元/股附近的双底开始上涨，一直上涨到 21.3 元/股的高点形成高点长钉日，这个长钉日也成为了全局的高点。高点长钉日与 K 线中的流星线类似，但是并不完全一致，主要是两者对开盘价的要求不一样。高点长钉日对于开盘价没有要求，而流星线则要求开盘价也尽可能地靠近最低价。高点长钉日作为局部反转信号，也可能出现在全局反转点，但是我们不能认为只要高点长钉日出现，股价就一定出现大反转，而不是小幅回调。

图 6-7　高点长钉日

　　长钉日是局部信号，不是全局信号，而双顶之类的形态一般倾向于全局信号，它们一般位于真正的反转位置，而长钉日和反转日之类的单日形态则倾向于局部信号，也就是更多地处于一些反弹高点和调整低点处。局部信号和全局信号是有区别的，局部信号有可能出现在全局反转点处，但是它并不一定是全局反转点，需要通过其他信息来进一步确认。我们来看一个例子，如图 6-8 所示，金钼股份从 18 元/股附近的高点下跌，途中跌至 12.5 元/股出现了低点长钉日，但是它引发的只是一波反弹，形成中继双顶后继续下跌。这个反弹起点处出现的长钉日就是一个局部信号。

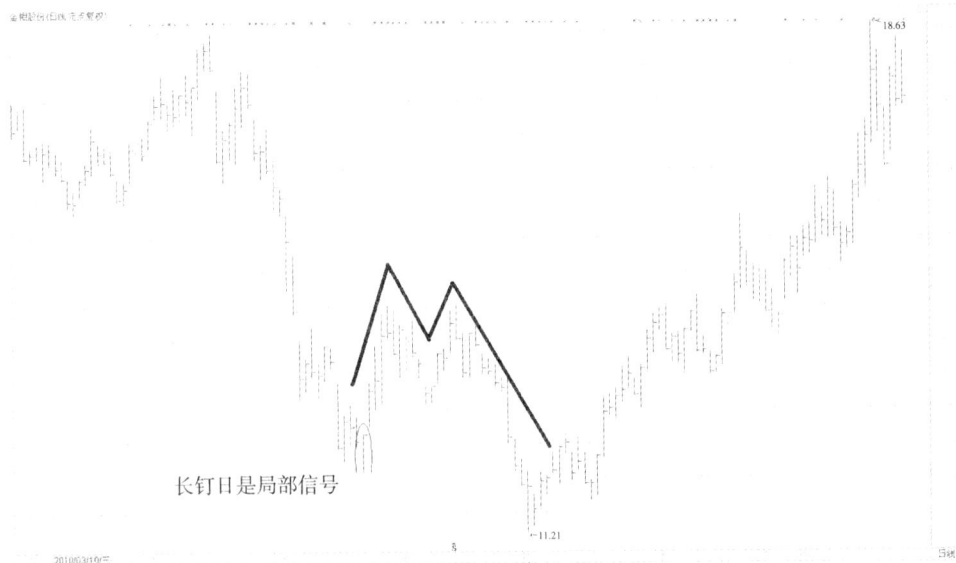

图 6-8　作为局部信号的长钉日

前面介绍过的西方技术形态，如头肩形态和峰顶形态都可以与长钉日结合起来使用，可以通过长钉日预先估计形态的高点和低点。如图 6-9 所示，中国重工在 6.4 元/股附近形成了一个双底，第一个底部低点是一个低点长钉日，也就是说炒家不需要知道这是一个形成中的双底，就能预估此处会展开反弹。在这个例子中，中国重工出现的双底和长钉日可以相互验证，这样炒家就能够更加准确和更加有效地获得进场买入的机会。不仅低点长钉日可以用来确认形态低点，高点长钉日和反转日也具有同样的功能。

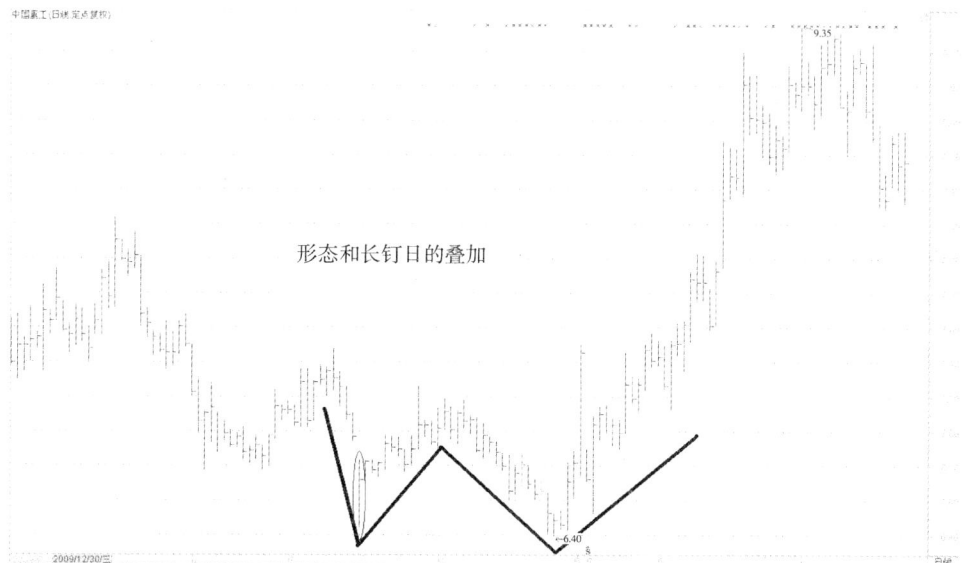

图 6-9 形态和长钉日的叠加

第三节　宽幅震荡日

宽幅震荡日属于比较显著的一类单日反转形态，当然也可以是持续形态。宽幅震荡日分为两类：第一类是看跌宽幅震荡日，即说全日股价震荡区间很大，但是收盘价接近于最低点，它需要与高点长钉日加以区分；第二类是看涨宽幅震荡日，即全日股价震荡区间很大，但是收盘价接近于最高点，它需要与低点长钉日加以区分。

首先来介绍看跌宽幅震荡日，如图 6-10 所示，特力 A 在 12.29 元/股之下出现了看跌宽幅震荡日，同时这个交易日也是高点长钉日。什么是看跌宽幅震荡日呢？首先这天的交易价格区间很大，在图中就是一条长长的价格线。交易区间越大越好，最好是一波行情走势中最大的。同时收盘价靠近最低点，这点与高点长钉日一致。但是，高点长钉日有另外的要求，那就是盘中价格要高于前一日。特例 A 这个高点长钉日也是看跌宽幅震荡日，即一日具有两个特征。那么，这天是不是高点反转日呢？这就要分析当日收盘价与前日收盘价的位置关系。

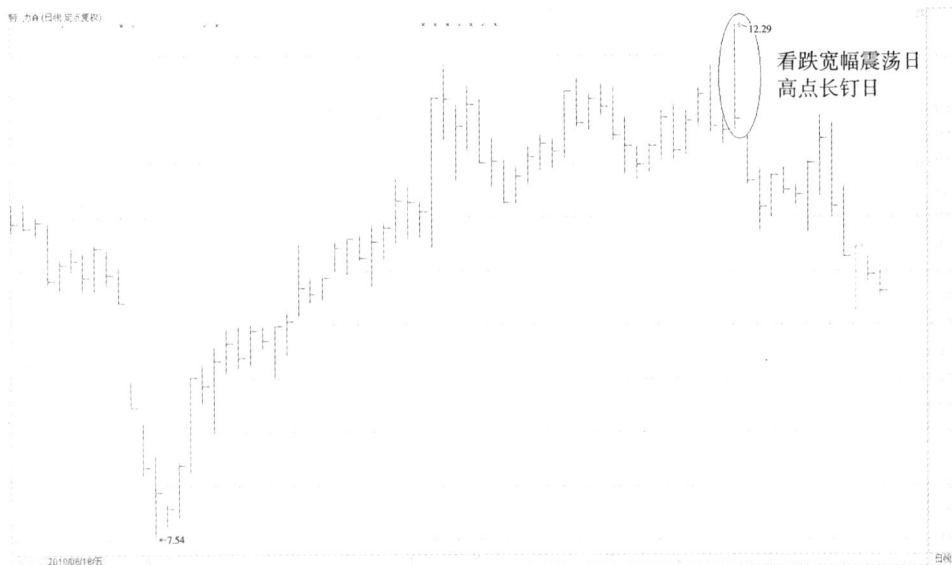

图 6-10　反转的看跌宽幅震荡日

　　看跌宽幅震荡日可能出现在行情的顶部，也可能出现在下跌行情之中，如图 6-11 所示。飞亚达 A 从 14.82 元/股跌至 11.09 元/股的途中出现了两个看跌宽幅震荡日。它们的特征是股价震荡幅度很大，收盘价都靠近最低价附近。炒家要把握这个规律：看跌宽幅震荡日出现后股价可能还有一段下冲，即看跌宽幅震荡日出现后的次日绝不是好的买点。

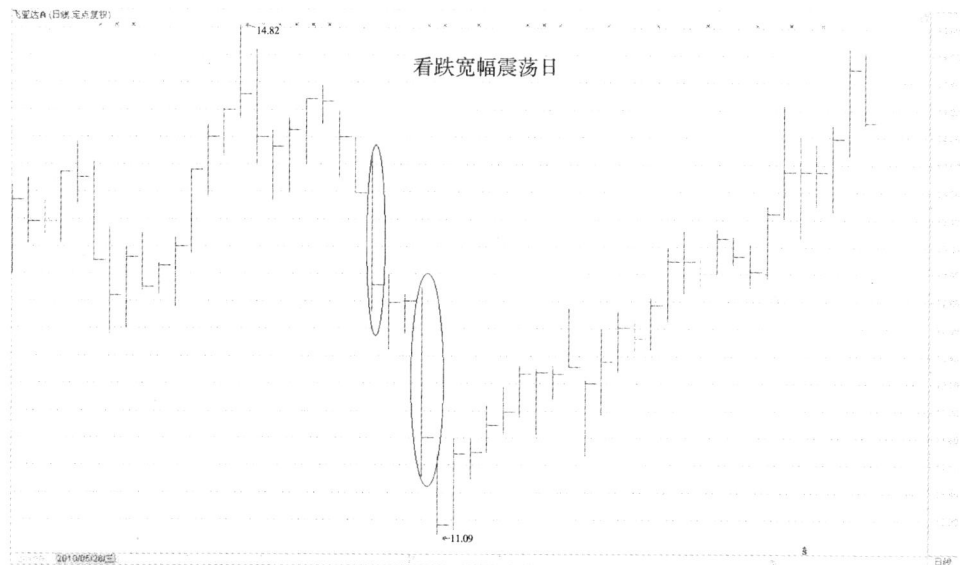

图 6-11　中继的看跌宽幅震荡日

那么，什么是看涨宽幅震荡日呢？如图 6-12 所示，特力 A 这段走势中标示出了一个看涨宽幅震荡日和一个看跌宽幅震荡日。看涨宽幅震荡日出现在上涨途中，而看跌宽幅震荡日出现在上涨的顶部；前者属于中继形态，而后者属于反转形态。看涨宽幅震荡日的价格交易区间很大，并且越大越好，同时收盘价在最高价附近。交易区间大，代表市场活力强劲，而收盘价在最高价附近表明市场中多头的活力强劲，后市继续看涨。

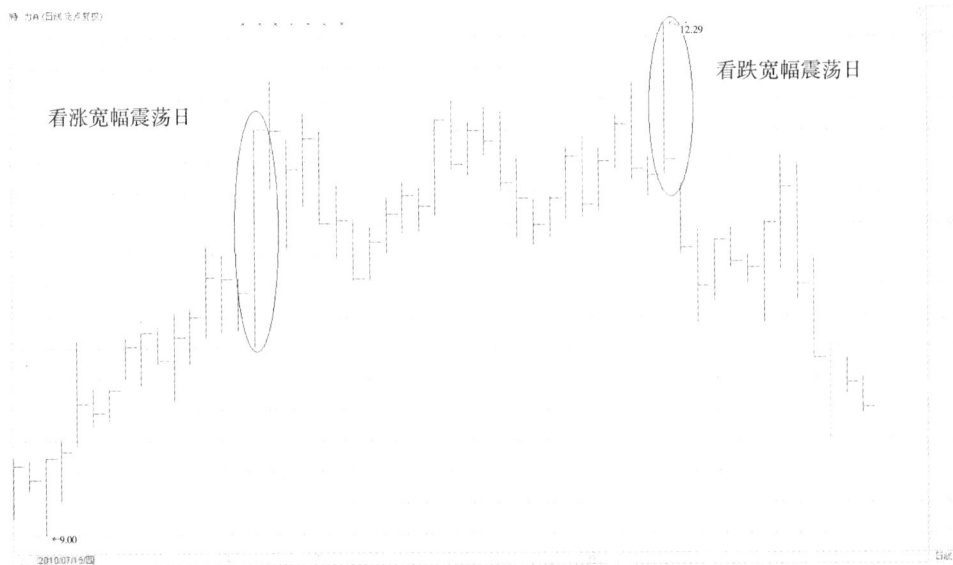

图 6-12 看涨宽幅震荡日和看跌宽幅震荡日

　　我们再来介绍比较明显的、处于中继状态的看涨宽幅震荡日。如图 6-13 所示，一致药业从 24 元/股附近逐步上扬，在 35 元/股附近出现了看涨宽幅震荡日，收盘价就是最高价，股价在看涨宽幅震荡日出现之后继续上涨，创出 39 元/股的新高。看涨宽幅震荡日与大阳线以及向上跳空缺口具有相同的性质，只是程度不同而已：向上跳空缺口能量最强，大阳线次之，看涨宽幅震荡日能量最弱。但是，看涨宽幅震荡日也有可能是大阳线，这点需要注意。同理，看跌宽幅震荡日与大阴线以及向下跳空缺口具有类似的性质，只是能量程度存在差别。

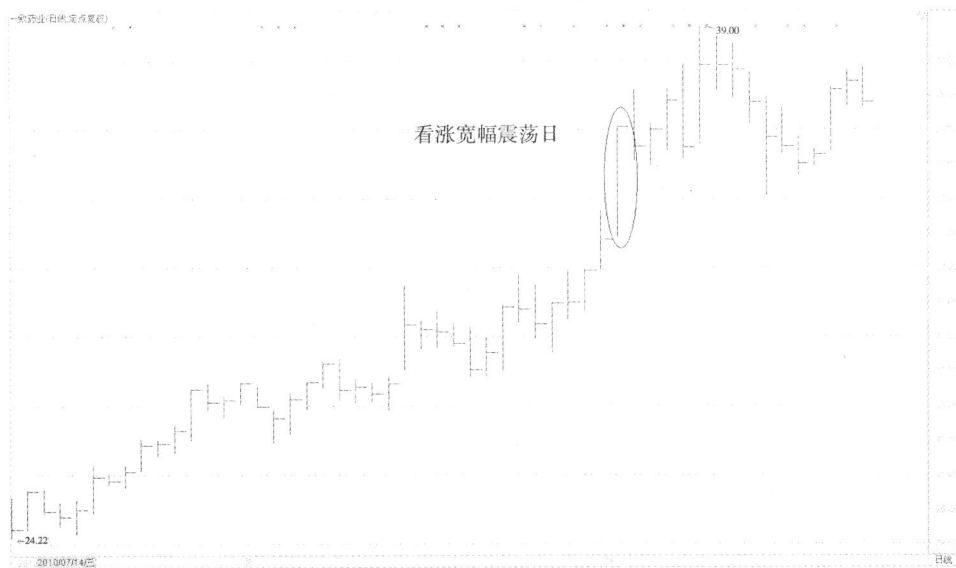

图 6-13　中继的看涨宽幅震荡日

第四节 回补缺口

从本小节开始我们介绍各种类型的缺口，西方技术形态分析的微观形态比较少，主要包括反转日、长钉日和缺口。缺口就是价格线之间的跳空，也有另外一种缺口定义，即今天开盘价与昨天收盘价之间的缺口。我们这里主要介绍价格线之间的缺口，首先介绍的是回补缺口，即跳空的缺口出现之后股价重新回到这个缺口价位区域，将这个缺口填补上。回补缺口是出现缺口不久之后被回补掉的缺口，长期而言任何缺口都会被回补，当然股市中某些退市的股票，它的某些缺口可能永远也没有被回补的可能。缺口一般可以作为支撑或者阻力存在，所以缺口被部分回补还是完全回补预示着这些位置的支撑或者阻力是否失效。

下面，我们就来介绍两种类型的回补缺口：向上跳空缺口被回补和向下跳空缺口被回补。价格线向上跳空，就形成了向上跳空缺口。如图6-14所示，深

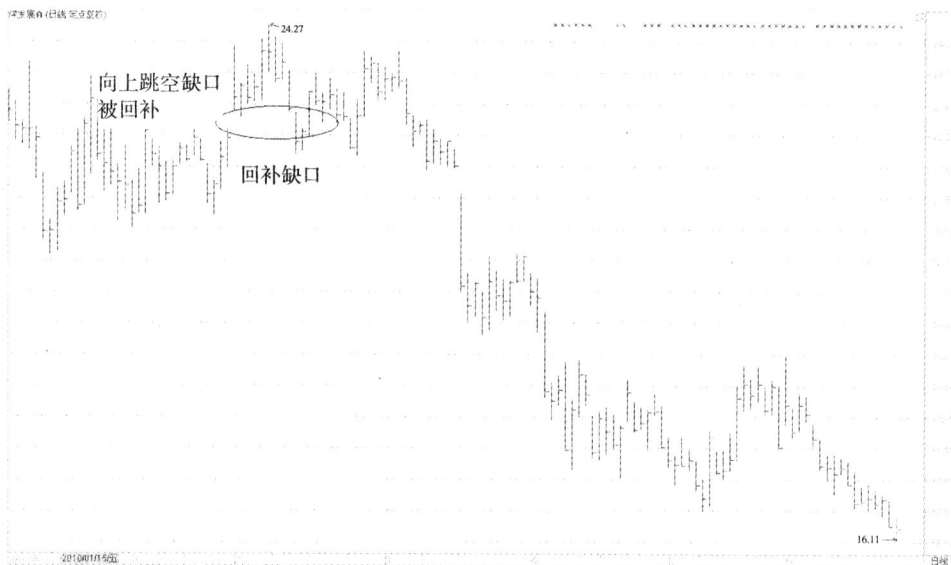

图6-14 向上跳空缺口被回补

发展 A 出现向上跳空缺口，不久之后股价冲高回落，将这个缺口完全填补，这表明这个缺口提供不了支撑，后市股价下跌的可能性很大。果然，此后股价稍微反弹，形成一个更低的顶部后股价迅速下挫。这个被回补的向上跳空缺口恰好在双顶的颈线位置附近，此后股价下跌是以向下跳空缺口来跌破颈线的。

我们再来介绍一个向下跳空缺口的例子，在这个例子中，向下跳空缺口虽然被回补，但是仍旧充当了阻力位的角色。如图 6-15 所示，万科 A 从 9.78 元/股位置下跌，股价很快跌破前期低点，并在前期低点下方形成了跳空缺口。股价下跌至 6.65 元/股出现反转，一直上涨到前期跳空缺口附近，回补了向下跳空缺口。虽然这个缺口被回补，但是走势很快形成高低双顶，股价继续大幅下跌，这表明缺口的阻力仍旧存在，价格只是向上"虚晃了一枪"。

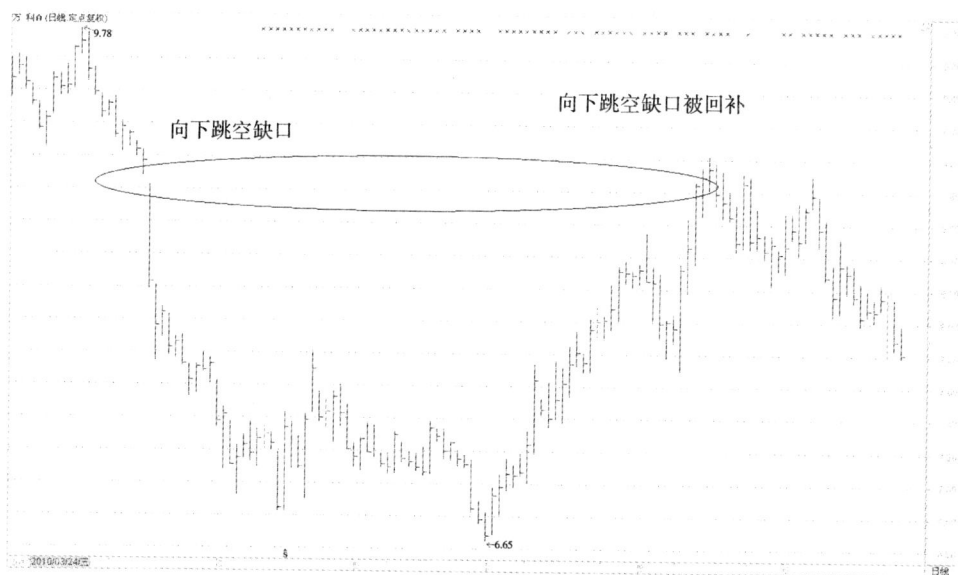

图 6-15　向下跳空缺口被回补

第五节　除息缺口

　　还有一类比较特殊的缺口是除息缺口（股权价值调整类缺口，分拆也属于这类），就是分红派息后股价做出的调整。除息后有时候会出现一波与除息缺口相反的行情，这点炒家应该留意。分拆之类的缺口也可以划入除息填权缺口。如图 6-16 所示，*ST 中华 A 出现除息缺口之后股价逐步回落，欲填补这一向上跳空的缺口，有些人称为填权行情。

图 6-16　宽幅的除息缺口

如图 6-17 所示，方大集团除息之后，出现向下跳空缺口，不久之后股价向上回补此缺口，有经验的炒家应该在除息后迅速买入这只股票，然后等待回补除息缺口的行情。

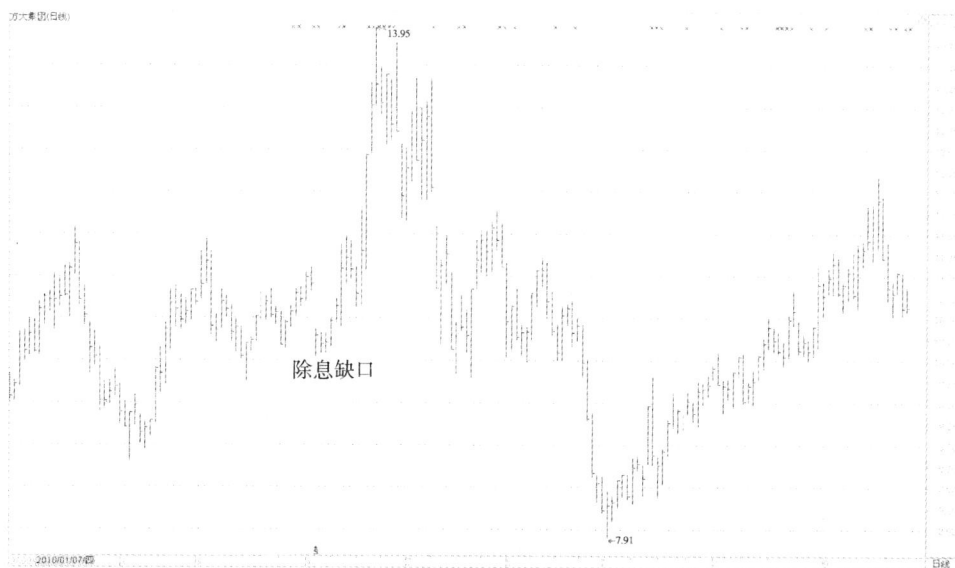

除息缺口

图 6-17　窄幅的除息缺口

第六节　突破缺口

从本节开始将介绍非常重要的技术性缺口，它们可以帮助交易者弄清楚突破的有效性，或者明确行情继续发展的潜力，甚至包括反转的可能性等。先来介绍通过缺口如何确认突破的有效性，这就涉及"突破缺口"方面的相关知识和策略。

无论是双顶还是上升直角三角形，都有确定的边界，突破边界有效性的分析和确认有赖于多种技术手段，除了收盘价和成交量之外，缺口也是一个经常被利用的手段。下面以常见的旗形突破缺口为例加以介绍，如图 6-18 所示，中金岭南在 15 元/股附近出现了下降旗形，此后股价向上突破，突破以向上跳空缺口的形式展开，这就确认了突破的有效性，可以在次日开盘时买入股票。

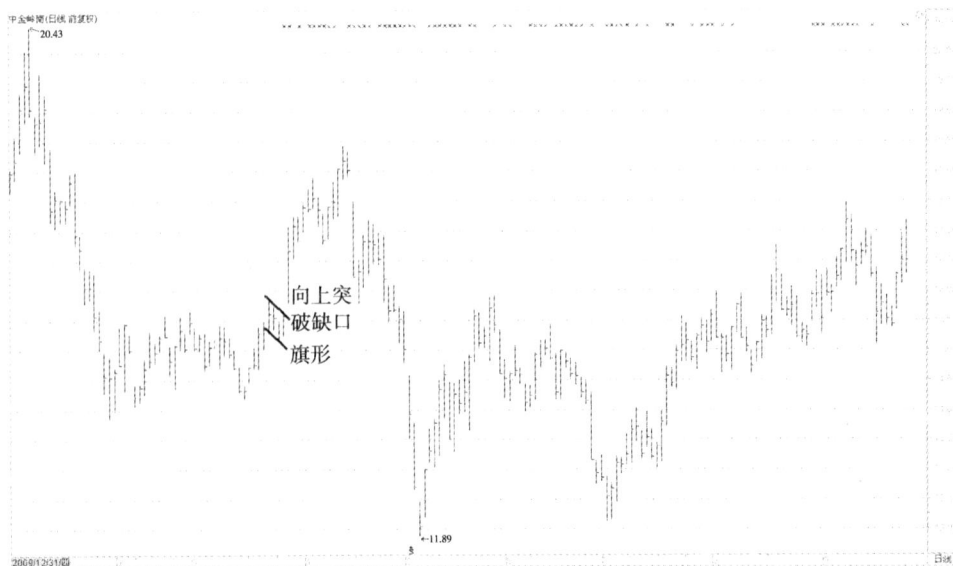

图 6-18　旗形向上突破缺口

　　我们再来介绍一个上升旗形的例子，如图 6-19 所示，中兴通讯从 32.57 元/股的高位下跌，在 27 元/股附近出现了上升旗形。这个旗形出现不久，股价就选择了向下突破，采取的突破方式是向下跳空缺口，这就是确认了向下突破缺口的有效性。

图 6-19　旗形向下突破缺口

　　旗形是股票短线炒家经常遇到的一个形态，而且对于买卖决策有直接的影响，除此之外趋势线也是非常重要的形态工具，突破缺口与趋势线突破的关系非常密切。如图 6-20 所示，中联重科从 8 元/股下跌到 6.2 元/股，连接两个高点得到下降趋势线，股价在 6.2 元/股触底后上涨突破此下降趋势线，突破时采用的是向上跳空缺口，这就确认了下降趋势线被突破有效。炒家可以在跳空缺口形成后买入股票，此后股价上涨到 11.82 元/股，相当于翻了一倍。反之，如果股价上扬，则连接两个低点得到上升趋势线，此后股价若向下跳空，则是一个尽快卖出股票的警示信号。

图 6-20　下降趋势线向上突破缺口

　　最后，我们来看 S*ST 华塑走势中出现的双顶向下跳空突破缺口的情况，如图 6-21 所示，股价在 14 元/股附近形成双顶，随后股价向下跳空突破颈线，这比大阴线代表的空头力量更加强大，此后股价继续下跌的可能性很大。所以，若股价以这种方式跌破双顶颈线，则持仓的炒家应该迅速卖出股票。

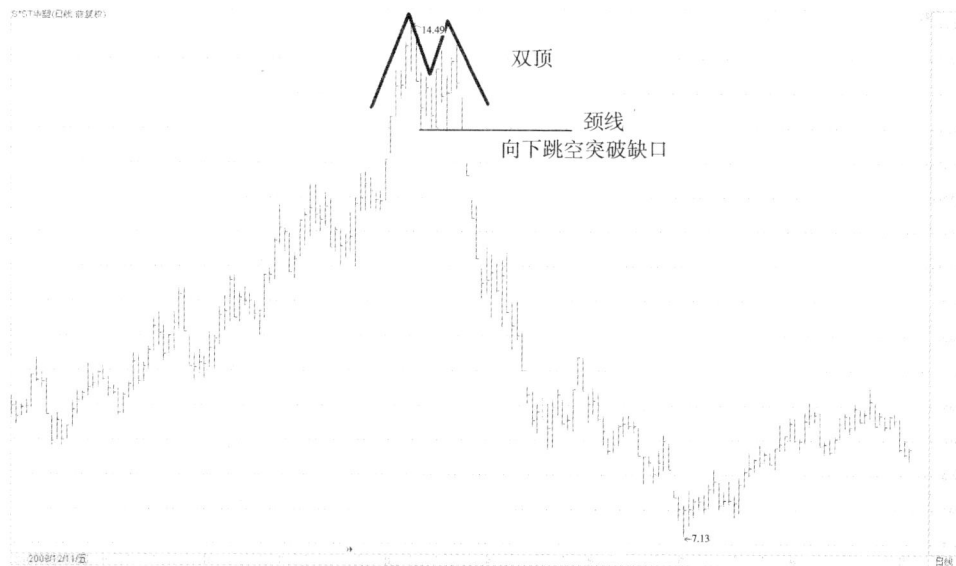

图 6-21　双顶向下跳空突破缺口

第七节　持续缺口

持续缺口的意义与旗形和楔形类似，因为它们出现之后的行情幅度一般等于出现之前的行情幅度，所以持续缺口也被称为度量缺口，本小节我们就来介绍这类缺口。持续缺口处在股价初步上涨之后，或是股价初步下跌之后，如果缺口处在股价已经上涨到非常高的位置，或是前期全局顶部附近，那么此缺口就可能属于衰竭缺口，这是后面将要介绍的内容。

持续缺口分为两类：第一类是向上持续缺口，第二类是向下持续缺口。先来介绍向上持续缺口，如图 6-22 所示，丽珠集团从 33.5 元/股低点逐步上涨，股价上涨到 41 元/股附近后回落到 A 点，随后股价继续上涨。在 BC 之间形成了向上跳空缺口，这个位置的股价不算高，而且刚刚在 A 点经历了一次幅度较大的调整，距离前期 50 元/股左右的高点还比较远。根据上述这些特征，我们可以确定这是一个持续上涨缺口。后市的上涨幅度接近于 AB 段高度，此后股价上涨到 D 点，CD 的长度大于 AB，但是两者的高度或者说上涨幅度是相同的。

图 6-22　向上持续缺口

我们再来介绍向下持续缺口，如图 6-23 所示，白云山 A 从高位逐步下跌，然后反弹到 A 点，随后股价继续下跌。跌到 B 点出现了向下跳空缺口，这个缺口很小，附近并没有全局性低点，只有一个前期反弹起点（低点）。股价向下跳空突破前期低点，这既可以说是突破缺口，也可以算是向下持续缺口。缺口之前的走势是 AB 段，缺口之后的走势应该接近于 AB 段高度，此后股价从 C 点跌到 D 点，CD 段的高度接近于 AB 段高度。

图 6-23 向下持续缺口

第八节　衰竭缺口

突破缺口和持续缺口都属于顺向缺口，与趋势的方向一致。而衰竭缺口则属于反向缺口，它出现之后股价就可能出现反向，当然不是立即反向，但是却在随后的几个交易日范围内。衰竭缺口分为两种类型：顶部衰竭缺口和底部衰竭缺口。我们首先来介绍顶部衰竭缺口，如图 6-24 所示，万泽股份从 5.56 元/股低点开始上涨，上涨中有过两次显著的调整，然后继续上涨到 9 元/股的高位，这时候出现了连续大幅的高位拉升，随后出现了缺口。缺口后隔日出现了高点反转日和长钉日，同时也是看跌宽幅震荡日，结合这些来看，前面出现的这个缺口就是衰竭缺口。此后股价果然快速反转，进入到下跌趋势。

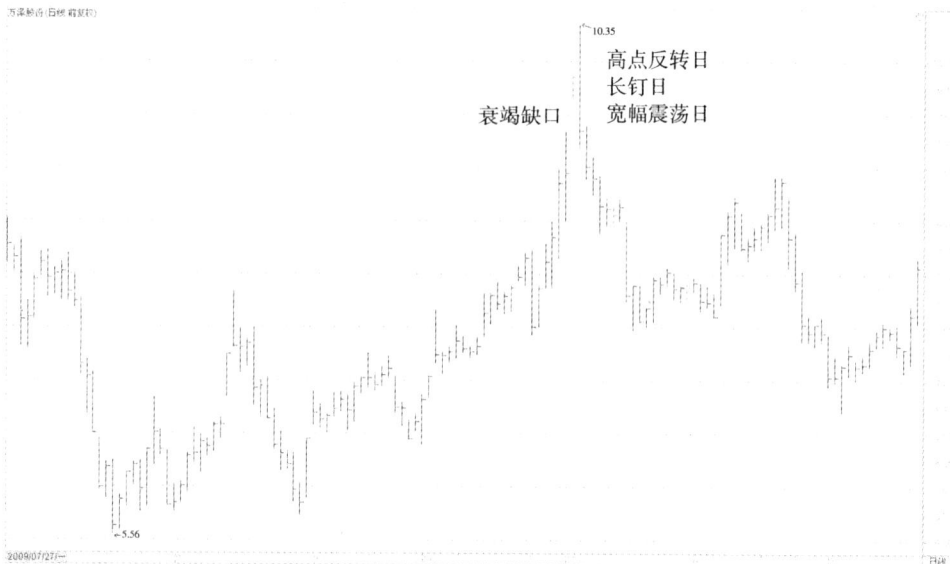

图 6-24　顶部衰竭缺口

　　再来介绍一下底部衰竭缺口，如图 6-25 所示，韶能股份自 6.78 元/股的高点快速下跌，在 4.6 元/股处横盘整理，随后股价向下突破，这时候形成一个缺口，不久之后出现长钉日（低点反转日），考虑到缺口前已经出现了较大幅度的下跌，所以这个缺口是衰竭缺口的可能性很大。此后，股价从 3.96 元/股处开始回升（4 元这个整数关口发挥了支撑作用），一直上涨到 6 元/股附近才出现显著调整。

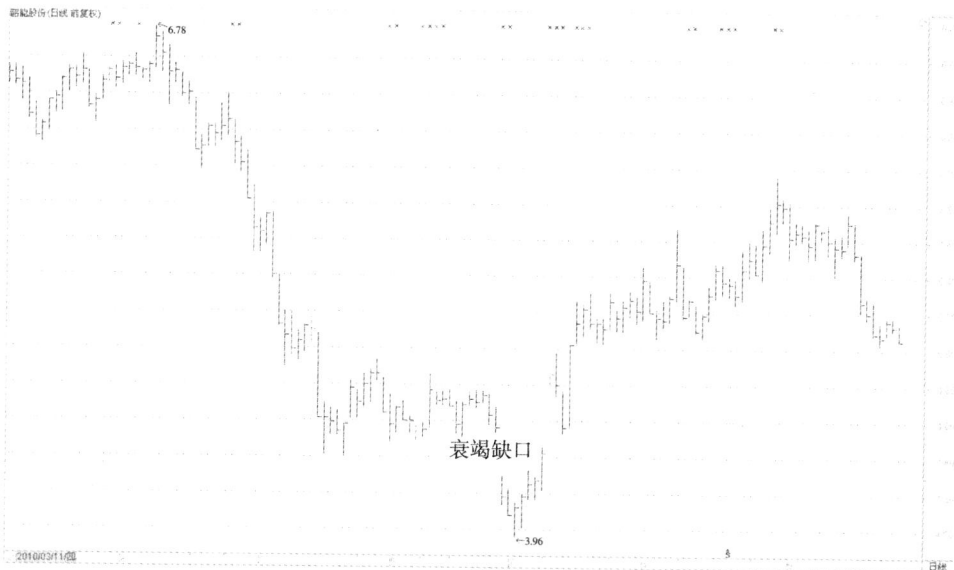

图 6-25　底部衰竭缺口

第九节　岛型反转

　　岛型反转与衰竭缺口以及突破缺口有密切的关系，而且是西方技术形态分析中较为重要的形态。岛型反转包括两种类型：第一种是底部岛型反转，第二种是顶部岛型反转。先来介绍底部岛型反转，如图 6-26 所示，阳光股份从 9.9 元/股高点快速下跌，在 7 元/股附近形成向下跳空缺口，由于此前下跌幅度很大，而且最近的修正距离此调整缺口很远，所以这个缺口是衰竭缺口的可能性很大，股价继续下跌的动能极弱。股价最低跌到 6.22 元/股，经过横盘整理后向上跳空，这是一个向上的突破缺口，两个缺口之间的部分就是"孤岛"。"孤岛"加上两个缺口就是底部岛型反转，此后股价一路上涨。

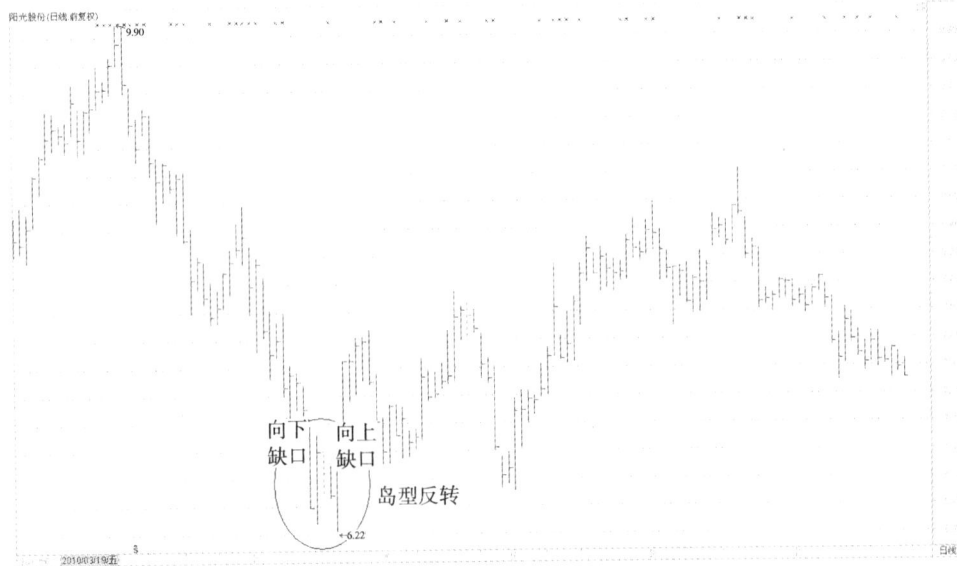

图 6-26　底部岛型反转

我们再来介绍顶部岛型反转，如图 6-27 所示，金宇车城从 6.8 元/股的位置开始逐步上涨，到 9.2 元/股附近形成向上跳空缺口。次日出现一个高点长钉日，也可以看成是看跌宽幅震荡日，这就初步确认了此前的向上跳空缺口是衰竭缺口。高点长钉日形成后，股价向下跳空，形成向下跳空缺口，股价转而下跌的可能性增加。这个长钉日就是"孤岛"，与两个缺口合起来就是岛型反转。

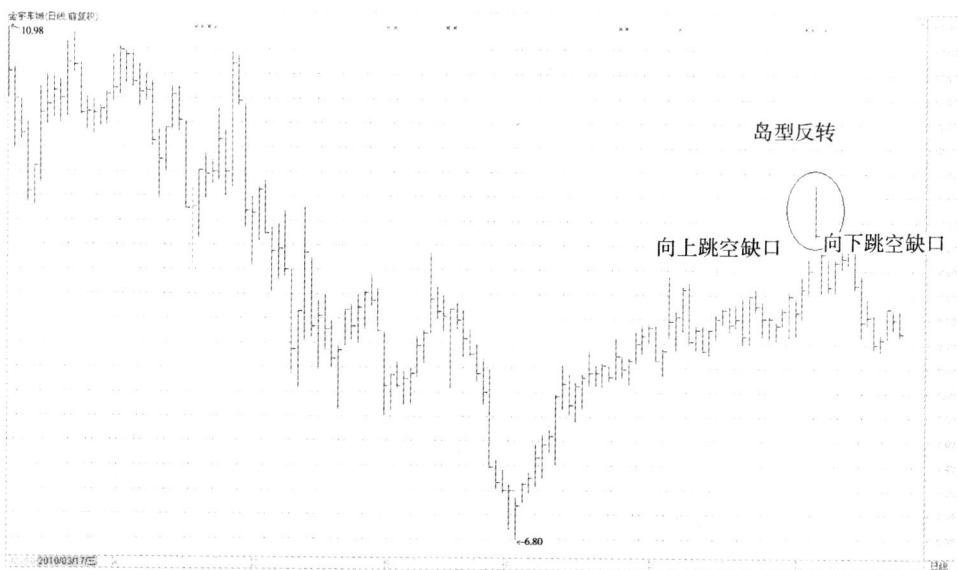

图 6-27 顶部岛型反转

图 6-26 中我们介绍的是一个较为复杂的岛型，因为"孤岛"是由多个交易日构成的，本小节最后我们来介绍一个较为简单的底部岛型反转，这是由一个交易日构成的"孤岛"。如图 6-28 所示，银轮股份从高位下挫，在 19.5 元/股处形成向下跳空缺口，然后再向上形成跳空缺口，这就构成了底部岛型反转，后市上涨的可能性很大。果然，此后股价大幅上涨，最高上涨到 27.05 元/股的高点。

岛型反转在期货市场中出现的频率要比股票市场中多很多，这点炒家可以留意，特别是那些有兴趣进入期货市场的短线炒家。

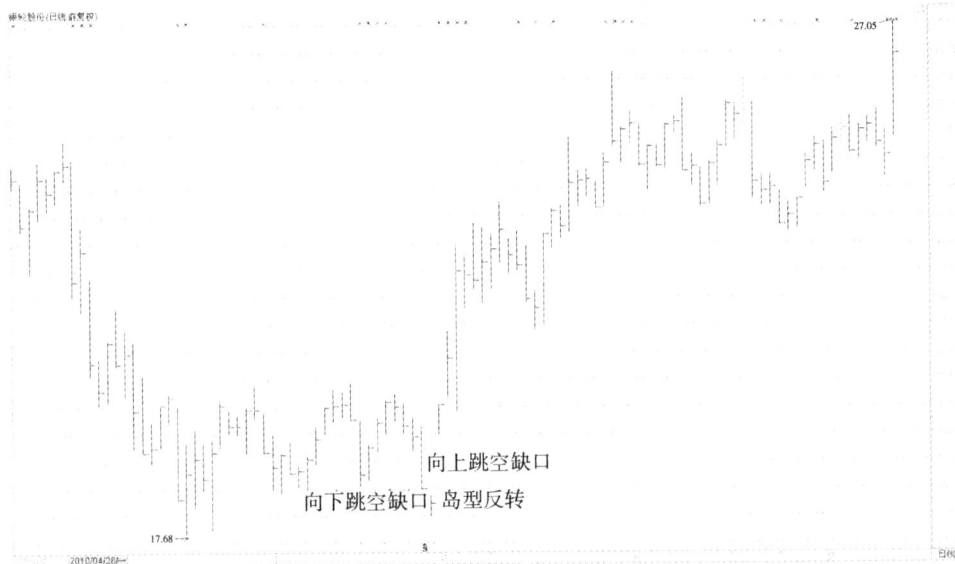

图 6-28　底部岛型反转

星期日 经典形态策略基础（7）：趋势线和通道

第一节 水平趋势线

趋势线分为两大类，第一类是水平趋势线，第二类是倾斜趋势线。另外，趋势通道也是这里要谈到的另外一个主题。因为趋势通道是基于趋势线发展起来的，所以我们会在介绍每种趋势线后涉及相应的趋势通道。

首先，我们来介绍水平趋势线。在日本 K 线技术中，水平趋势线并没有作为一种单独的工具被提出来，所以水平趋势线属于西方技术形态分析的独创手段。水平趋势线往往可以与 K 线结合起来使用，西方 K 线之父——斯蒂夫·尼森就曾经做过这方面最好的尝试。

水平趋势线通常由一个点来确定，它分为两大类：第一类是水平阻力线（又称为压力线），第二类是水平支撑线。两者合在一起就构成了箱体。水平阻力线为观察有效突破和逢高抛售提供了基准，如图 7-1 所示，安纳达在 15.8 元/股附近形成了一个高点，当股价再度来到这个位置时，压力发挥了作用，这就是阻力线的意义。阻力线附近如果出现反转日形态、长钉日形态、岛型反转或者 K 线反转形态，那么意味着阻力有效，炒家应该逢高卖出。如果股价以向上跳空缺口或者是看涨宽幅震荡日，又或者是其他 K 线持续形态突破此阻力线则意味着阻力被突破，阻力转化为支撑，炒家应该及时买入。水平阻力线一般由前期高点得到，越是显著和重要的高点，其构筑的阻力意义越大。

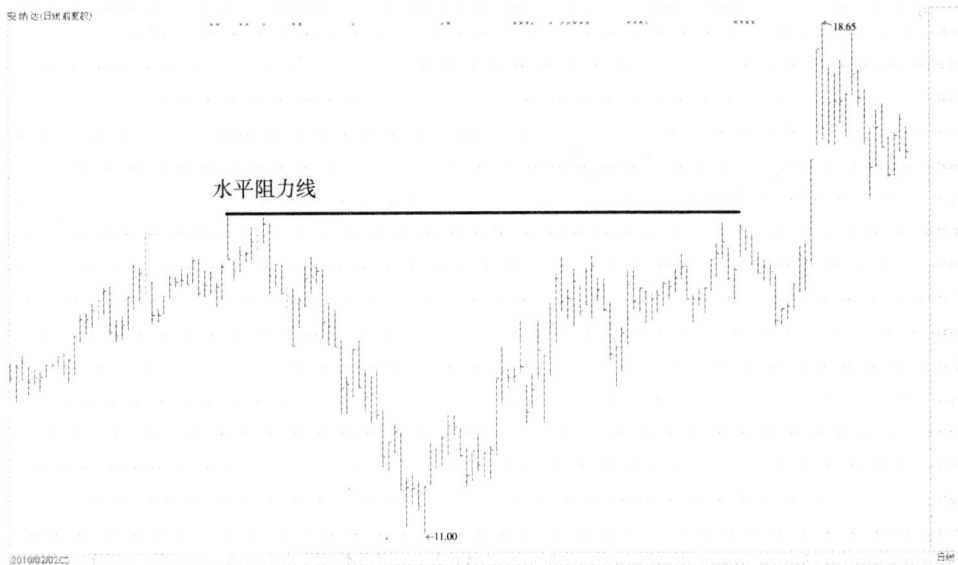

图 7-1　水平阻力线

水平支撑线由前期显著低点构成，被有效突破并确认的阻力线也可以转换为水平支撑线。水平支撑线由一个点确定，如图 7-2 所示，蓉胜超微从 7.8 元/股开始上涨，上涨到 11 元/股附近出现了回调，回调的低点构筑一条水平支撑线。此后，股价从 16.47 元/股的高位下跌到这条支撑线附近，受到支撑后转而上攻。水平支撑线可以与西方反转日形态和 K 线反转形态结合起来使用。比如，股价下跌到水平支撑线附近出现了低点反转日，那么该支撑有效的可能性就很大，这时候炒家就应该买入股票。

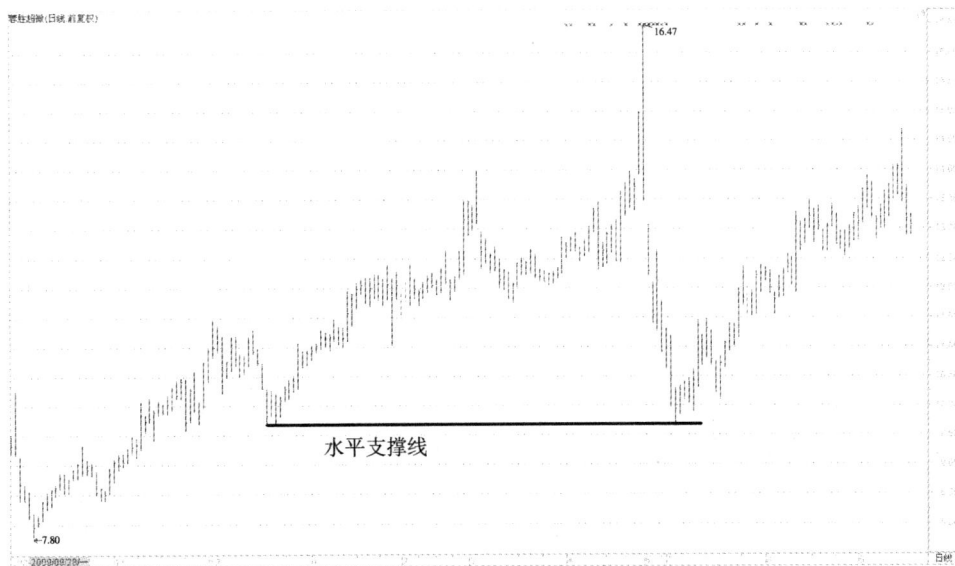

图 7-2　水平支撑线

一段震荡走势，可以通过设定水平阻力线和水平支撑线得到一个箱体，如图 7-3 所示，高金食品在 14.5 元/股附近形成了一个箱体，由高点 B 引出阻力线，由低点 A 引出支撑线，此后股价在 C 点获得由支撑线提供的承接回升，在 D 点受到阻力线的抛压而下跌。箱体在西方技术形态分析中占据了核心的位置，而水平趋势线则是箱体的核心，所以掌握水平趋势线对于掌握箱体具有重要意义。箱体的阻力线被有效突破，则意味着趋势向上；箱体的支撑线被有效跌破，则意味着趋势向下。

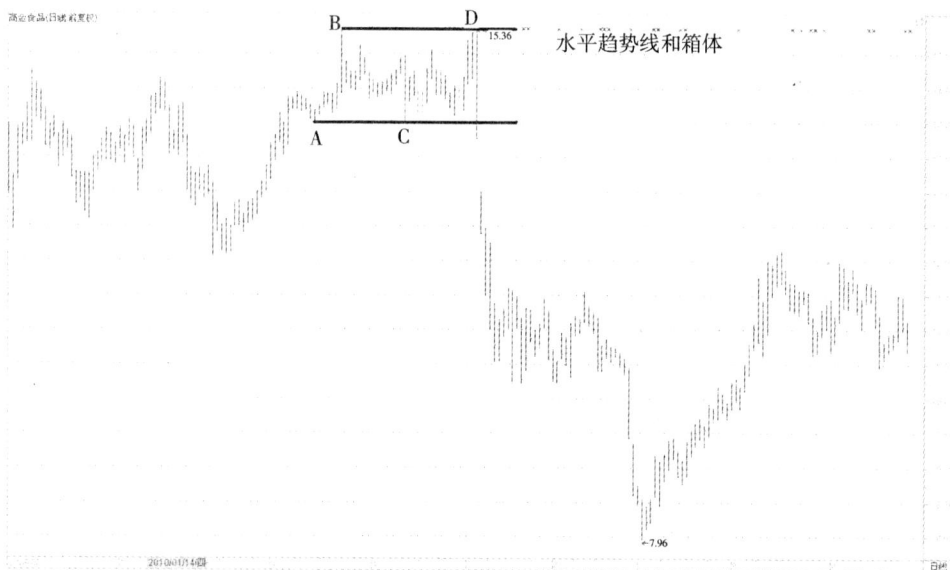

图 7-3　水平趋势线和箱体

第二节 上升趋势线和上升趋势通道

倾斜趋势线分为两类：第一类是上升趋势线，第二类是下降趋势线，下面我们分别叙述。倾斜趋势线需要由两个点来确定，上升趋势线需要由两个低点来确定。如图 7-4 所示，宏达高科这波上涨走势有许多明显的低点，两个相邻低点就可以引出一条上升趋势线，所以这里存在三条上升趋势线。

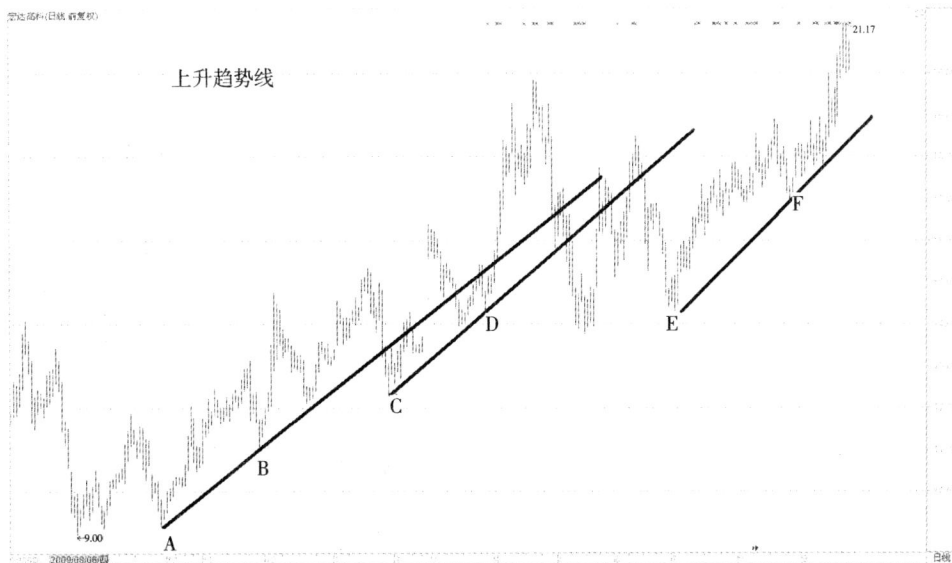

图7-4 上升趋势线

对于上升趋势线一般有两种典型的用法，第一种作为卖出信号，即在股价有效跌破上升趋势线时卖出股票。如图 7-5 所示，山下湖从 12.65 元/股开始上涨，经过调整形成 2 浪，之后股价开始拉升，将低点 A 和低点 B 相连，可以引出上升趋势线。此后，股价一直上涨到 21.68 元/股，随后大幅下跌，收盘价跌破上升趋势线，至此上升趋势暂时结束，这就是一个卖点，至少是一个减仓点。

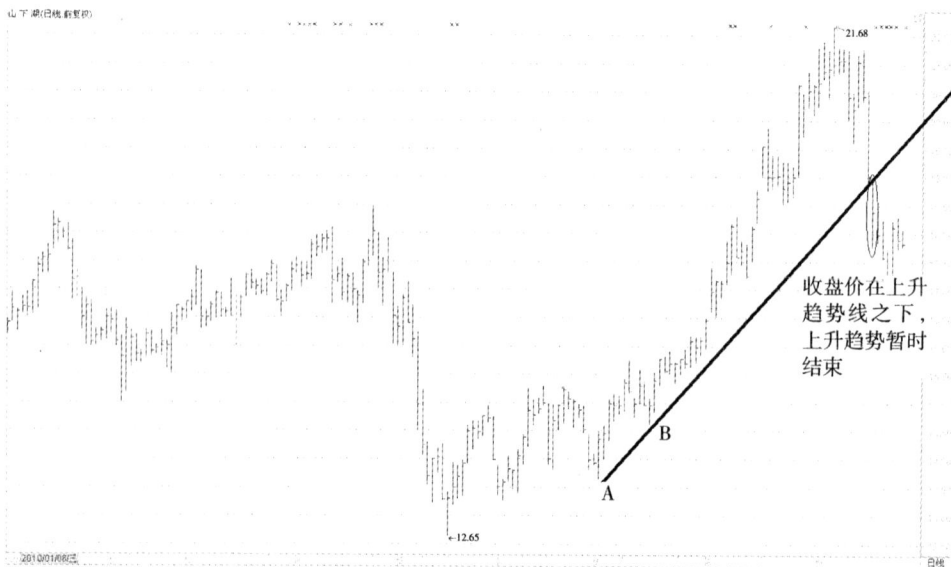

图 7-5　上升趋势线的跌破

　　除了作为卖点信号，上升趋势线也可以提供买入信号，如图 7-6 所示，海亮股份从 4.58 元/股开始上涨，这显然受到了 5 元/股整数关口的支撑。上涨初期形成了两个低点，分别是 A 点和 B 点。通过 A 点和 B 点引出上升趋势线。此后股价在 C 点处回落至上升趋势线，并且获得支撑，这就是很好的买入机会。简而言之，当股价回落到上升趋势线附近并且出现了企稳迹象，则这就是一个较好的买入机会。

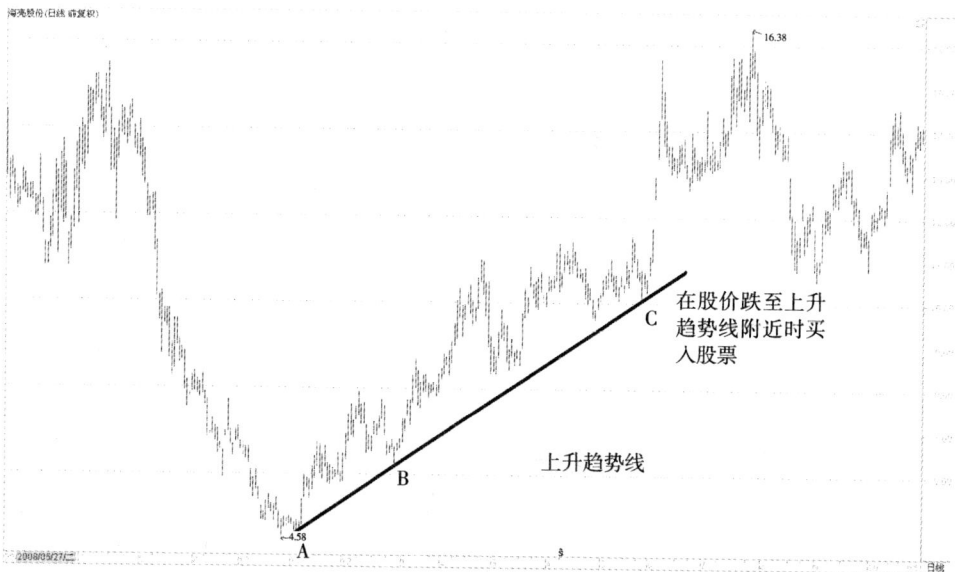

图 7-6　上升趋势线附近的买入

上升趋势通道是炒家经常听到的技术分析工具和形态，它是由上升趋势线发展而来的。如图7-7所示，上升趋势通道要求先画出上升趋势线，然后在趋势线的低点之间（或者附近）寻找一个高点，以该高点画出上升趋势线的平行线，这就得到了一个上升趋势通道。宏达新材的这段上升走势的初期形成了两个相邻低点 A 和 B，由此引出上升趋势线。然后从 A 和 B 点之间或者附近寻找一个显著高点，即 C 点。从 C 点引出平行于 AB 的直线，从而得到上升趋势通道。上升趋势通道基本与上升趋势线一样，只是增加两点功能：一是用来管理减仓操作，当股价上冲到通道上边界时减仓。二是用来分析第 5 浪的翻越现象。

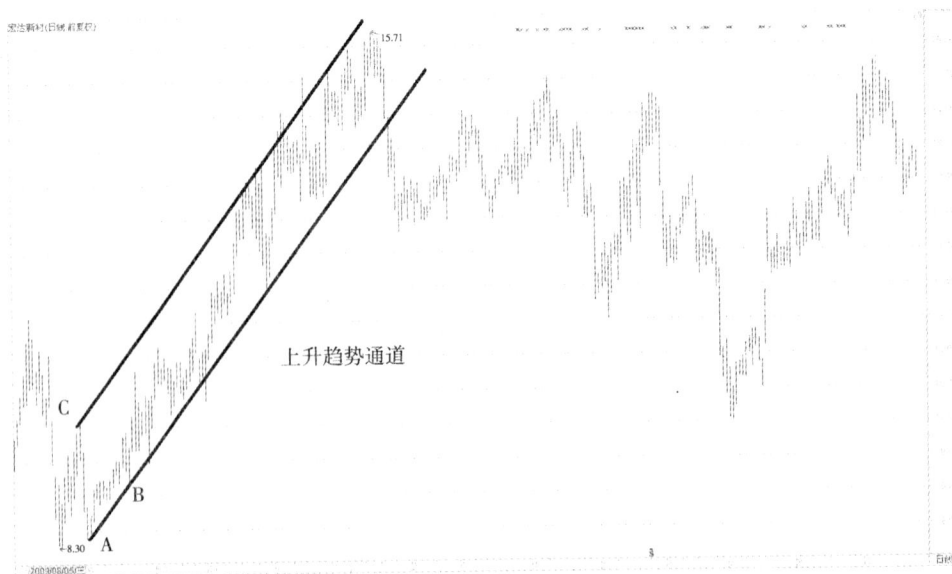

图 7-7　上升趋势通道

第三节 下降趋势线和下降趋势通道

下降趋势线与上升趋势线的作图类似，也是从两点引出，得到一条直线。下降趋势线要求在下降走势初期寻找两个显著高点，然后画出一条直线。这条直线就是下降趋势线，那么如何去运用下降趋势线呢？基本方法与上升趋势线相同，这里进行扼要介绍。下降趋势线可以提供买点，如图 7-8 所示，股价从 15.33 元/股下跌后形成两个高点 A 和 B，从这两个点引出下降趋势线。当股价向上突破，并且收盘在此趋势线之上时，炒家可以买入股票，因为这意味着下降趋势告一段落，股价至少在短期内会上涨。

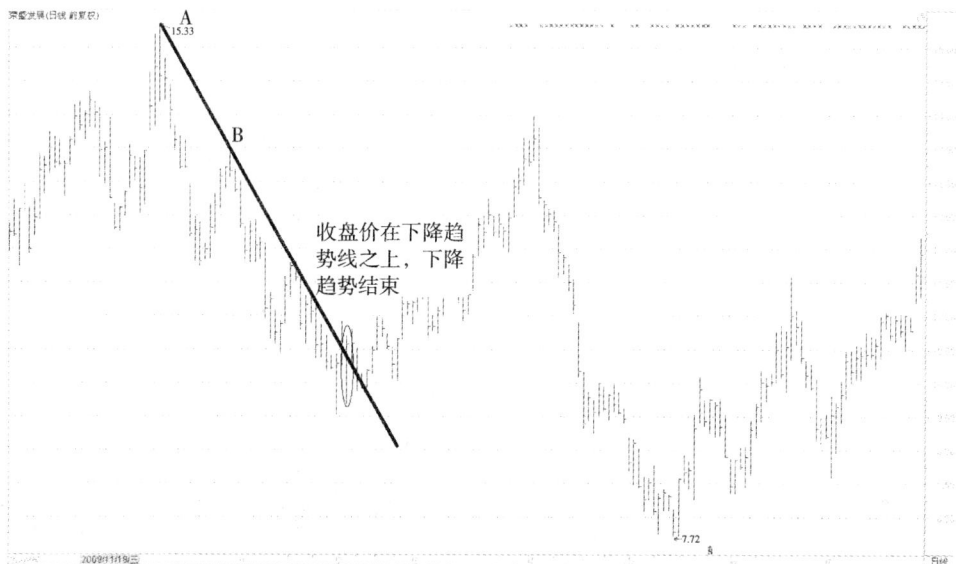

图 7-8 下降趋势线的突破

下降趋势线也可以提供反弹卖出点，如图 7-9 所示，由武汉凡谷的高点 A 与次高点 B 引出下降趋势线。当股价在 C 点反弹到下降趋势线附近，并且刚刚拐头向下时，卖出时机出现了。很多人都说不清楚"逢高减仓"中的"高"的含义，其实，这里的"高"就可以通过下降趋势线和水平阻力线来定义。下降趋势线可以被看成是倾斜的阻力线；同理，上升趋势线也可以被看成是倾斜的支撑线。

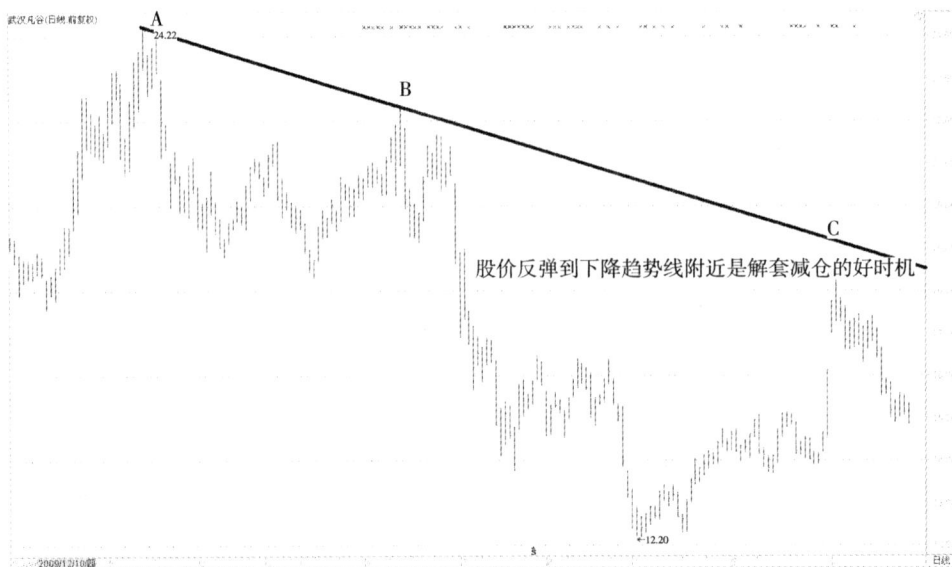

图 7-9 下降趋势线附近的卖出

　　最后，我们来介绍下降趋势通道，如图 7-10 所示，首先寻找下降趋势初段的两个相邻高点，这里是 A 点和 B 点，然后在附近寻找一个低点，这就是 C 点。以 A 点和 B 点为基准画出直线，然后以 C 点为起点画出直线 AB 的平行线，这样就得到下降趋势通道。股价反弹到直线 AB 附近时如果拐头向下，则是卖出时机，如果股价跌到 C 点附近则可能出现反弹，但是一般不建议去抓这样的反弹。

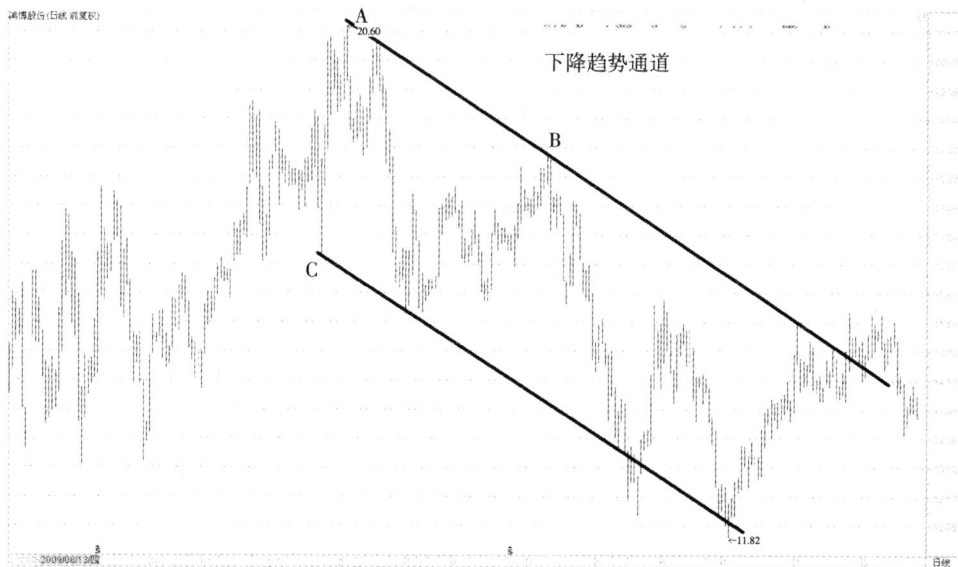

图 7-10　下降趋势通道